Praag

Miriam van Ommeren

Praag

Eerste druk, 2009

© MMVIII Uitgeverij J.H. Gottmer/H.J.W. Becht BV,
Postbus 317, 2000 AH Haarlem
E-mail: travel@gottmer.nl
Internet: www.dominicus.info
Uitgeverij J.H. Gottmer/H.J.W. Becht BV is onderdeel van de Gottmer Uitgevers Groep BV

ISBN 978 90 257 3956 0 / NUR 512

Tekst: Miriam van Ommeren
Cartografie: Y.T. Bouma Bureau voor Cartografie, Leusden
Omslagfoto's: Miriam van Ommeren
Foto's: François Delbar (p. 17); Bohumir Mraz (p. 18); Jan Kaplan & Krystyna Nosarzen-ska (pp. 28, 31, 35, 131); Miriam van Ommeren (overige)
Vormgeving en zetwerk: Jos Bruystens, Maastricht
Lithografie: Scan Studio, Heemstede

Alle Gottmer-reisgidsen worden voortdurend geactualiseerd door een team van gespecialiseerde redacteuren en adviseurs. Natuurlijk kan het ondanks deze zorg voorkomen dat de lezer op reis merkt dat er veranderingen hebben plaatsgevonden die onze redactie niet tijdig bereikt hebben. We zouden het op prijs stellen indien je ons informatie over gewijzigde omstandigheden wilt toesturen: daarmee help je ons de volgende drukken actueel te houden.

Inhoud

Kaarten, plattegronden en kaders

Woord vooraf

Praag bezocht ik voor het eerst in het najaar van 1995, tijdens een werkweek van mijn school. De Fluwelen Revolutie lag nog vers in het geheugen, evenals de recente scheiding van Tsjechië en Slowakije. De weinige herinneringen die ik heb overgehouden aan dat bezoek zijn nogal gemengd. De stad maakte op mij een armoedige, 'oostblokkerige' indruk; ik herinner me matig eten, grauwe gebouwen, snijdende kou. Maar toen al werd ik getroffen door de mysterieuze sfeer in de kleine straten van de oude binnenstad, de prachtige Jugendstilarchitectuur van sommige cafés en de wonderbaarlijke ondergrondse uitgaansgelegenheden.

Ruim tien jaar later bezocht ik Praag voor de tweede keer. Ditmaal trof ik een totaal andere stad aan. Van de grauwe sfeer was niets meer over; dit Praag kon zich meten met West-Europese steden als Parijs en Londen wat betreft winkels, restaurants en uitgaansgelegenheden. Sterker, dit Praag bruiste onmiskenbaar van enthousiasme en levenslust. Het was duidelijk dat de Tsjechen hun 'donkere' verleden definitief van zich hadden afgeschud en bij voorkeur alleen nog maar vooruit keken, genietend van alles wat hun nieuwe status als Europees land met zich meebracht.

In 2007 besloot ik, voor het schrijven van deze gids, naar Praag te verhuizen. Drie maanden heb ik in de stad gewoond, op verschillende plekken: van een nieuwbouwflat aan de noordwestelijke rand van Dejvice, tot een prachtig, enigszins vervallen 19de-eeuws pand midden in de rauwe wijk Žižkov. Drie maanden lang heb ik in Praag geleefd. Gewandeld, gegeten, gewinkeld en geslapen. Uitgegaan, restaurants, bioscopen en cafés bezocht, musea bekeken, galeries binnengegaan, kerken bezichtigd. Ook heb ik er urenlang in parken gelegen; lezend en mijn stadsgenoten observerend met hun boeken, kinderen en soms enorme honden. Maar ik heb er vooral veel rondgelopen, want de stad leent zich het best voor een wandeling zonder haast en elke hoek die je omslaat brengt je iets nieuws.

Drie maanden is lang genoeg om een stad te leren kennen, maar evengoed om te beseffen dat het veel te kort is. Er zijn weinig steden die zich zo moeilijk laten kennen als Praag. De stad is als haar bewoners; over het algemeen vriendelijk, maar terughoudend; bij vlagen zelfs stug of ronduit bot. Praag toont je zijn schoonheid lang genoeg om je nieuwsgierig te maken, maar slaat dan snel een deken om. Praag is een mooie, maar verwarrende stad: zo'n uitgebreide, uiteenlopende geschiedenis geeft een stad talrijke identiteiten; zoveel stijlen architectuur naast elkaar doet een mens zich afvragen waar hij nu eigenlijk is, in welk erfgoed hij nu rondloopt. Weinig steden tonen hun bezoeker zoveel verschillende gezichten als Praag.

Mijn advies is: ga naar Praag, zo vaak en zo lang als je kunt. Het zal telkens een nieuwe ervaring zijn. De ene keer beland je in een barok sprookje, de volgende keer in een postcommunistisch landschap of een fin-de-siècleparadijs. Ik hoop dat deze gids je steeds van pas zal komen.

Bij de totstandkoming van deze gids heeft een aantal mensen mij op verschillende wijze geholpen. Mijn dank gaat uit naar Jenny Gordon, Zuzana Podolska, Paul Drake en Krystina Müller, zonder wie mijn verblijf in Praag nooit zo'n succes was geworden, en naar Jamie Tomosunas, Jessica Peck, Nuno Geraldes en Martín Bistrai. Ook dank ik mijn vrienden in Nederland, en natuurlijk mijn ouders, Wim van Ommeren en Viviane van Ommeren-Guillou, die mij zoals altijd grenzeloos ondersteunden en mij tevens de gelegenheid gaven mijn kennis van Praag op hen te botvieren tijdens hun bezoek aan de stad.

Miriam van Ommeren
Zomer 2008

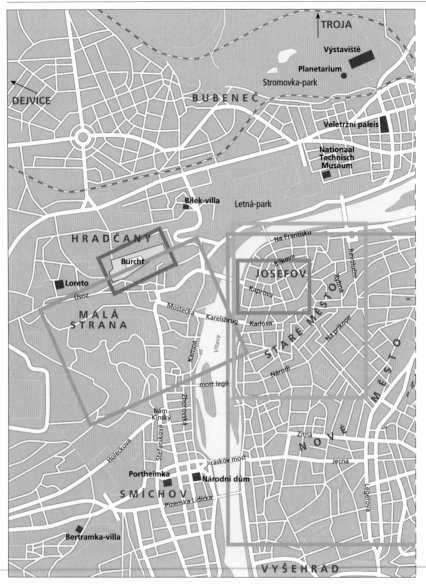

Overzichtskaart

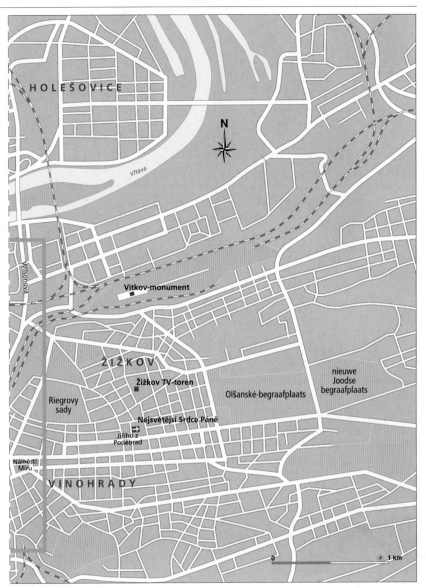

HOLEŠOVICE

N

Vltava

Vítkov-monument

Vítkovova

ŽIŽKOV

Žižkov TV-toren

Riegrovy
sady

Olšanské-begraafplaats

nieuwe
Joodse
begraafplaats

Nejsvětějsí Srdce Páně

Jiřího z
Poděbrad

Náměstí
Míru

VINOHRADY

0   1 km

1

Geschiedenis van een 'Gouden Stad'

De allereerste sporen van de aanwezigheid van mensen in het gebied waar Praag nu ligt, dateren van ver terug. De resten van kampvuren en vuurstenen die gevonden werden in het huidige noorden van de stad, gaan terug tot maar liefst 250.000 jaar voor onze jaartelling. De eerste mensen die zich in het gebied vestigden, deden dat op veilige afstand van het water. De Vltava, die Praag doorkruist, was nog een woeste rivier die zich een weg tussen de rotsen baande. Naarmate de oevers zich ontwikkelden, werd de Vltava rustiger en het gebied eromheen bewoonbaar. De linkeroever was heuvelachtig, de rechter- was vlak op één heuvel na, waar later de wijk Vyšehrad zou verrijzen.

Kelten strijken neer

Vanaf de 4de eeuw v.Chr. werd het huidige Tsjechië bewoond door de Boii: een Keltische stam waaraan de streek Bohemen haar naam ontleent. Het huidige Praag behoorde ook tot hun leefgebied; in de wijken Bubeneč en Libeň zijn graven gevonden van Keltische strijders.

De Boii bedreven landbouw, maar richtten zich ook op de culturen om hen heen, zoals bleek uit hun ruilhandel op afstand. Zo deden ze onder andere zaken met Grieken, van wie zij metalen voorwerpen en munten importeerden. Ook verfijnden en verbeterden zij voortdurend hun productie van wapens, keramiek en gebruiksvoorwerpen. De Kelten maakten van hun dorpen *oppida*: verstevigde vestingen ter bescherming van de bezittingen en bundeling van militaire krachten. De belangrijkste oppida in Praag

lagen bij Závist in het zuiden en Stradonice in het westen van de stad.

Aankomst Germaanse stammen

De Boii hielden het enkele honderden jaren uit in de streek, waarbij ze zich regelmatig moesten verdedigen tegen vijandige stammen. Rond de laatste eeuw v.Chr. trokken Germaanse stammen door Bohemen en veroverden dit gebied langzaam maar zeker. De Boii kwamen onder bewind van de Germanen te staan.

De Germaanse cultuur was minder verfijnd dan die van hun Keltische voorgangers; de keramische cultuur verdween

---

DE GEBROEDERS ČECH, LECH EN RUS

De legende van de broers Čech, Lech en Rus is al bijna 1000 jaar oud en kent verschillende varianten. Eén versie verhaalt over drie broers die bij de rivier de Wila in het huidige Polen woonden. Na de dood van hun vader, een koning, waren zij niet tevreden over de hoeveelheden land die zij geërfd hadden en besloten zij op zoek te gaan naar nog meer land. Alle drie kozen zij een andere richting: Rus ging oostwaarts, Lech richting het noorden en Čech naar het westen. Čech kwam uit op 'de berg van Říp', een 460 m hoge heuvel in het noorden van Tsjechië, tussen Praag en Litoměřice. Čech, door de Tsjechen 'Praotec Čech' ('voorvader Tsjech') genoemd, zag vanaf de heuvel een eindeloze lege vlakte en besloot zich daar te vestigen, met zijn volgelingen in zijn kielzog. Het land werd later vernoemd naar deze legendarische voorvader. Čechs broers Rus en Lech stichtten respectievelijk Roethenië, een streek die tot het huidige Oekraïne behoort, en 'Lechia', de historische benaming voor Polen.

◄ Zicht op de burcht

Alphonse Mucha verwerkte het verhaal van de Slaven in zijn 'Slavische epos'.

langzaam en de goed ontwikkelde landbouw zoals die onder de Boii had bestaan, werd door de Germanen sterk vereenvoudigd toegepast. Er ontstond wel een kleine ijzerindustrie in het noorden van de stad, daar waar nu de wijken Dejvice en Bubeneč liggen.

Tsjechische archeologen spreken hier vaak over de 'Romeinse periode' in de nationale geschiedenis, hoewel dit niet helemaal correct is: het gebied rondom het huidige Wenen en het noordwesten van Tsjechië was dan wel bewoond door Romeinse stammen, maar de Bohemen zelf waren overwegend in Germaanse handen. Aangezien het zeker niet de laatste keer zou zijn dat de Germanen bezit namen van het gebied spreekt men vaak schoorvoetend over deze eerste periode van Germaanse 'onderdrukking' en wordt de voorkeur gegeven aan het idee van een Romeinse overheersing.

Slavische stammen

Halverwege de 6de eeuw n.Chr. kwamen de eerste Slaven, beter bekend als de Venedi of Venethi, in het gebied terecht. Zij vestigden zich dicht bij de Germaanse nederzettingen en zo leefden deze twee verschillende volken voor enige tijd in betrekkelijke rust naast elkaar. De Slaven concentreerden zich niet rond de Vltava, die grotendeels Germaans gebied bleef, maar ze breidden hun vestingen uit naar het noorden en noordwesten. Gedurende de 7de en 8ste eeuw bouwden ze zo'n vijf vestingen van hout en steen. Sommige van deze bolwerken gaven later archeologische schatten prijs in de vorm van fijn aardewerk en munten van andere volken, die duiden op ruilhandel op afstand.

In de loop van de 9de eeuw hadden bijna vijftien Slavische stammen zich in het gebied gevestigd. Elke stam had zijn eigen burcht waarbinnen de gemeenschap woonde. Bij Levý Hradec, ten noorden van het huidige Praag, leefden de Přemysliden, die hun macht over het gebied begonnen uit te breiden.

Uit deze periode dateert de populaire le-

Het mythische verhaal van Libuše verbeeld door Mikolaš Aleš

gende over prinses Libuše, dochter van het hoofd van de Slavische staat die haar vader moest opvolgen na zijn dood. Omdat veel mannen binnen de stam geen vrouw aan het hoofd wilden, was Libuše genoodzaakt op zoek te gaan naar een geschikte echtgenoot die kon optreden als stamoudste. Zij liet haar oog vallen op de landbouwer Přemysl. Přemysl en Libuše trouwden met elkaar; de stam was verzekerd van een opvolger, en het Přemyslidengeslacht was geboren. De legende, die nog steeds verteld wordt, inspireerde tal van kunstenaars; de componist Bedřich Smetana zou in de 19de eeuw een opera wijden aan de legende van prinses Libuše.

GROOT-MORAVISCHE RIJK

Stichting Slavische staat

Het Groot-Moravische Rijk ontstond in 833, toen de Moravische prins Mojmír een grote verenigde Slavische staat stichtte. Zijn kleinzoon Ratislav, die in 846 de troon besteeg, zorgde voor rust en stabiliteit door een verbond te sluiten met de Bulgaren. Hij diende bij de Byzantijnse keizer Michael III een verzoek in voor Slavischsprekende apostelen. Zo arriveerden de Griekse monniken Cyril en Methodius aan het einde van de 9de eeuw in het Groot-Moravische Rijk; zij zorgden ervoor dat de bevolking bekeerd werd tot het christendom en ontwikkelden het cyrillische alfabet, dat ook nu nog in gebruik is. Deze zendelingen worden in Tsjechië nog steeds geëerd: er zijn kerken naar hen genoemd (zie ook p. 122) en zij hebben een eigen feestdag op 5 juli.

Oprichting burcht

Ratislav werd in 871 opgevolgd door Svätopluk, die negen jaar later tot koning werd gekroond. Het Groot-Moravische Rijk, dat het huidige Tsjechië en Slowakije omvatte, viel vanaf dat moment onder bescherming van de rooms-katholieke kerk en bleef zo veilig tot Svätopluks dood in 894. Het was in deze periode dat de Přemysliden-prins Bořivoj en zijn vrouw Ludmila op een bergkam boven de Vltava een burcht optrokken: een eerste stap in de richting van het huidige Praag. De verdere bebouwing voltrok zich steeds richting de rivier en er ontwikkelde zich een buitenwijk van het kasteel, op de linkeroever. In dit gebied ontstond een handelscentrum.

Een van de eerste overgebleven schriftelijke getuigenissen van dit vroege Praag dateert van het einde van de 10de eeuw.

Wenceslas-plein met het ruiterbeeld van de 'goede koning'

zich in Levý Hradec.

Het Groot-Moravische Rijk viel in het begin van de 10de eeuw uiteen door aanvallen van Beierse en Hongaarse kant. In 921 kreeg de eerste vorst uit de Přemysliden-dynastie de macht over Bohemen, een gebied dat ongeveer gelijk is aan het huidige Tsjechië. Deze Wenceslas I, ook wel 'de heilige Wenceslas' genoemd (niet te verwarren met Václav I, die van 1230 tot 1253 regeerde), wordt nog steeds beschouwd als grondlegger van de Tsjechische staat. Het Wenceslas-plein (Václavské náměstí) in het centrum van Praag eert hem met een groot ruiterstandbeeld, en hij draagt in de volksmond nog steeds de bijnaam 'de goede koning' hoewel hij officieel helemaal geen koning was. Het was onder Václavs bewind dat de funderingen werden gelegd voor de Vyšehrad-burcht en de St. Vitus-rotunda (een klein rond gebouw, vaak voor religieuze doeleinden gebouwd) op de plek van de huidige St. Vitus-kathedraal. De St. Vitus-rotunda was van grote omvang; kleinere rotundas die uit dezelfde periode stammen, kunnen ook nog in Praag worden gevonden, zoals in Staré Město.

Een Spaanse Jood, waarschijnlijk een wetenschapper die de stad omstreeks 865 bezocht had, uitte zijn verbazing over het levendige 'Frága'. Hij schreef over talrijke Slavische, Russische en Turkse handelslieden die de marktplaatsen aan de voet van het kasteel bezochten. En hij weidde uit over het voedsel, de gebruiksvoorwerpen en handelswaren van goede kwaliteit. Hoewel het toenmalige Praag een kleinere stad was dan nabijgelegen Duitse steden, was er sprake van een bijzonder levendige handelsgeest.

De 'heilige Wenceslas'

Bořivoj benoemde zichzelf tot hertog van Bohemen. Hij liet zich, evenals zijn vrouw, in 874 door de apostel Methodius tot christen dopen en bouwde vervolgens de eerste christelijke kerk op Boheemse bodem, ter ere van de heilige Clemens van Ohrid, een Bulgaarse aartsbisschop. De kerk bevond

Ontwikkeling in de 12de eeuw

Niet alleen de burcht was in de 12de eeuw in ontwikkeling; ook op de heuvels aan de voet van de burcht en meer richting de rivier werden nieuwe kerken en kloosters gebouwd. Zo verrees het bekende Strahov-klooster dicht bij het kasteel in 1140 en werd het kerkje Panny Marie pod Řetězem in 1169 gebouwd door de Ridders van de Orde van Malta, op een steenworp afstand van de beroemde Karelsbrug. De brug zelf

MISS TSJECHIË

Missverkiezingen. In West-Europa worden deze de afgelopen decennia toch vooral beschouwd als seksistisch en achterhaald, maar in Tsjechië zijn ze nog niet bevangen door dit virus van politieke correctheid. Zowel mannen als vrouwen raken enthousiast als er weer een nieuwe missverkiezing wordt gehouden. Wat die nieuwe schoonheidskoningin vertegenwoordigt, lijkt soms totaal niet relevant. Elke beroepsgroep, handicap, minderheidsgroepering of bedrijfstak lijkt een eigen vertegenwoordigster te hebben, in de vorm van een jonge knappe Tsjechische met lang haar en nog langere benen.

Uiteraard is de titel 'Miss Tsjechië' de meest prestigieuze van alle misstitels. De jaarlijkse verkiezing wordt live uitgezonden door de commerciële televisieomroep TV Nova, en staat garant voor hogere kijkcijfers dan elk ander televisieprogramma. De winnares is altijd jong, meestal blond en natuurlijk een groot voorstander van wereldvrede. Haar wachten, behalve de kroon en de prestigieuze titel, een auto, een appartement in Praag, een jaarcontract bij het modellenbureau CEM en de garantie van meer dan genoeg media-aandacht voor een heel jaar... tot de volgende verkiezing in zicht is. De miss die daarna niet in de vergetelheid wil raken, doet er goed aan een solide plek in de hoofdstedelijke jetset te veroveren of een relatie te beginnen met een populaire ijshockeyspeler (p. 68).

Eén van de opmerkelijkste finalisten in de recente geschiedenis van de verkiezing was Anděla Halušková. Zij was de eerste Roma-vrouw die in 2005 tot de finale van de missverkiezing wist door te dringen; opmerkelijk in een land waar Roma (die toch bijna 1 procent van de bevolking uitmaken) nog steeds als tweederangs burgers worden beschouwd. Halušková won de titel niet, maar werd daarna een spreekbuis voor een Tsjechische antiracismecampagne.

dateert van later, maar op dezelfde plek werd in 1172 de Judith-brug gebouwd, genoemd naar de vrouw van koning Václav I. Op de rechteroever van de Vltava begon zich al een Joodse wijk te vormen op de plek van het huidige Josefov. Van de allereerste synagoge die gebouwd werd, is geen spoor meer te bekennen, maar op dezelfde plek staat nu de Oude-Nieuwe synagoge. Een drukke marktplaats verrees in de 12de eeuw, op de plek van het huidige Týn (zie p. 90). De eerste stenen huizen in deze wijk werden in Romaanse stijl gebouwd. Deze huizen telden twee verdiepingen, waarbij de benedenverdieping gebruikt werd als winkel. Wat rest van deze huizen kan men vinden in de straat Řetězová. Ondanks al deze ontwikkelingen kon er nog niet gesproken worden van een echte stad. Er was nog te weinig eenheid tussen de verschillende onderdelen: het kasteel en zijn buitenwijk, Vyšehrad en omgeving, de marktplaats en de verschillende kleine dorpjes en vestigingen in het gebied. In totaal leefden hier zo'n 3500 mensen.

Joodse begraafplaats

Koning Otakar II
Verschillende vorsten uit het Přemysliden-geslacht volgden elkaar op in de

vier eeuwen die volgden nadat Vacláv i in 1253 stierf. Onder zijn zoon Otakar ii, die van 1253 tot 1278 regeerde, groeide het invloedsgebied van de Přemysliden gestaag. Koning Otakar ii droeg de bijnaam 'koning van ijzer en goud', verwijzend naar zijn grote rijkdom en militaire macht. Otakar ii komt overigens voor in Dante Alighieri's beroemde drieluik *De Goddelijke Komedie*: Otakar ii en zijn aartsrivaal Rudolf maken daar hun opwachting buiten de poorten van het vagevuur.

In de periode onder Otakar ii nam de invloed van West-Europese culturen toe, in de vorm van de gotiek. Dit uitte zich vooral op het gebied van architectuur; er werd opdracht gegeven tot de bouw van stenen kastelen in steden als Český Krumlov en Landštejn in het zuiden. Ook in Praag is deze invloed duidelijk terug te zien, met name op de plek waar nu de wijk Staré Město is, zoals bij het St. Agnes-klooster. Religiositeit nam toe; in Praag vestigden zich nieuwe ordes van monniken. Zo kwamen de franciscanen in 1220, gevolgd door de dominicanen.

De moord op Otakars opvolger Václav iii in 1306, slechts een jaar nadat hij tot koning van het Boheemse Rijk was gekroond, maakte een einde aan de hegemonie van de Přemysliden. Met als gevolg een zware periode voor Praag. De stad werd belaagd en verscheidene malen bezet door buurlanden. Grote hongersnood en uitbraken van de pest teisterden de bevolking.

Rijzende ster van Karel IV
Relatieve rust keerde terug toen enkele jaren na de dood van Václav iii zijn zuster Eliška in het huwelijk trad met de graaf van Luxemburg, 'Jan de Blinde'; een bijnaam die hij dankte aan een oogziekte. Hun zoon Václav iv werd aanvankelijk weggehouden van de Boheemse troon: zijn vader stuurde hem al op jonge leeftijd naar het Franse hof voor de juiste opvoeding. Hij liet zich daar 'Charles' noemen door de Franse koning. Na zeven jaar in Frankrijk te hebben geleefd, en na een kort verblijf in Luxemburg, vertrok de jonge Karel naar Italië, waar hij ervaring opdeed op militair gebied. In 1333 keerde Karel iv terug naar Praag, waar hij zijn intrek nam in een huis in het huidige Staré Město. Ondanks weerstand van zijn vader werd Karel iv in 1347 gekroond tot koning van Bohemen. Tien jaar later schopte hij het zelfs tot keizer van het Heilige Roomse Rijk.

Ontwikkeling van een koninklijke stad
Onder het bewind van 'Keizer Karel', zoals hij werd genoemd, werd Praag de hoofd-

De kroon van Karel IV wordt bewaard in de St. Vitus-kathedraal.

DEFENESTRATIE

De meningen zijn verdeeld over het aantal 'defenestraties' dat Praag heeft gekend (waren het er nu twee of toch drie?), maar het is een feit dat het begrip nauw verbonden is met de geschiedenis van de stad. Het fenomeen dankt zijn naam aan de Latijnse woorden *de* (uit) en *fenestra* (raam of venster).

De Eerste Praagse Defenestratie vond plaats op 30 juli 1419, toen een woedende menigte Hussieten het raadhuis van Praag bestormde en eenmaal binnen een aantal raadsleden uit het raam gooide. De directe reden hiervoor was de weigering van de stadsraad om gevangengenomen Hussieten vrij te

Defenestratie, een 'typisch Praags' verschijnsel, verbeeld in een 17de-eeuwse gravure

laten, waarna de Hussitische priester Jan Želivský uit protest een optocht door de stad organiseerde. De Hussieten werden tijdens deze processie belaagd door omstanders, wat hun woede alleen maar aanwakkerde. De raadsleden overleefden de defenestratie niet. Deze gebeurtenis leidde tot de Hussitische Oorlog die tot 1436 duurde, waarbij protestanten tegenover katholieken stonden.

In de burcht, boven de Vladislav-hal (zie p. 47), ligt de Ludvik-vleugel, waar de Tweede Praagse Defenestratie plaatsvond. In 1617, vijf jaar na de dood van keizer Rudolf II, volgde Ferdinand van Stiermarken hem op als koning van Bohemen. Het feit dat Ferdinand een overtuigd katholiek was, zorgde voor veel onrust onder het protestantse deel van de bevolking. De bouw van een aantal protestantse kerken werd door de katholieke kerken stilgelegd, en zo kwam de 'vrijheid van religie', die Rudolf II in 1609 in een brief had gewaarborgd, onder druk te staan. De onrust kwam tot een hoogtepunt op 23 mei 1618, toen verscheidene protestantse edelen twee katholieke stadhouders schuldig achtten aan het schenden van de 'Koninklijke Brief' en hen vervolgens uit het raam gooiden. Gelukkig vielen de stadhouders op een grote mesthoop en overleefden zij het incident vrijwel ongedeerd. Deze Tweede Defenestratie in de geschiedenis van Praag zou het begin van de Dertigjarige Oorlog betekenen.

De dood van Jan Masaryk op 10 maart 1948 wordt door sommigen wel de Derde Defenestratie van Praag genoemd. De jongen, een zoon van voormalig president T. G. Masaryk, viel zijn dood tegemoet vanuit het badkamerraam van het Černínský palác, het grootste paleis van Praag, in Hradčany (zie p. 52). Masaryk zou vermoord zijn door communisten, al hielden die het erop dat er sprake was van zelfmoord.

stad van een bloeiend Boheems Rijk. De nieuwe koning had grootse plannen met 'zijn' stad. Al snel na zijn aantreden gaf hij het startsein voor de bouw van de St. Vitus-kathedraal, waarvoor de Fransman Matthieu d'Arras werd aangesteld. Na diens overlijden nam de van oorsprong Duitse architect Peter Parler het over. Hij voltooide de kathedraal en bouwde later ook de beroemde naar Karel IV vernoemde Karelsbrug. Twee hoogtepunten uit de

gotische bouwkunst, die uitermate karakteristiek zouden worden voor Praag. Karel stichtte in 1348 eveneens de eerste universiteit van Bohemen, de Univerzita Karlova (□ p. 82), en was als groot kunstliefhebber verantwoordelijk voor een bloeiend cultureel klimaat.

Praag ontwikkelde zich steeds meer tot een echte stad. Karel IV, eenmaal keizer van het Heilige Roomse Rijk, weigerde naar Rome te verhuizen, wat tot gevolg

Karelsbrug

had dat Praag onder zijn bewind uitgroeide tot hoofdstad van zijn rijk. Alle kleine dorpjes en vestingen werden ingelijfd en vielen binnen de nieuwe stadsmuur van meer dan 3 km, die vanaf Vyšehrad in het zuiden langs de Oude Stad (Staré Město) liep. Brede straten werden aangelegd en op verschillende plekken in de stad, zoals rond het huidige Wenceslas-plein en de nabijgelegen straat Jindřišská, werden nieuwe huizen gebouwd. Het aantal marktplaatsen groeide gestaag. In 1367 besloot keizer Karel dat de 'Oude' en 'Nieuwe' steden, de huidige wijken Staré Město en Nové Město, verenigd moesten worden. De vestingmuren tussen deze twee wijken werden verwijderd. Dit viel gelijktijdig met de bouw van de Karelsbrug waar inmiddels mee was begonnen; een lang project waarvan de keizer de voltooiing zelf niet zou meemaken.

Tegen het einde van de 14de eeuw bestond Praag uit vier 'stadsdelen': de 'Oude Stad' (het huidige Staré Město inclusief de wijk Josefov), de 'Nieuwe Stad' (Nové Město en Vyšehrad tezamen), het huidige Malá Strana en het gebied rondom de burcht. Geschat wordt dat de stad toen rond de 50.000 inwoners had: een aanzienlijke toename vergeleken met een paar honderd jaar eerder. De 'Nieuwe Stad' werd vooral bewoond door Tsjechen, terwijl het Germaanse deel van de bevolking voornamelijk in de 'Oude Stad' woonde. Het gebruik van verschillende talen werd soms een probleem, zeker waar het juridische kwesties betrof. Een algemeen gebruik van de Tsjechische taal werd bepleit.

Religieuze conflicten in de 15de eeuw
Keizer Karel stierf in 1378 en werd opgevolgd door zijn zoon, toen slechts zeventien jaar oud, die ook de inmiddels bekende naam Václav droeg. Onder diens bewind werd Jan Hus (□ p. 87), een kerkhervormer, in 1409 benoemd tot rector van de universiteit. Als predikant verzette Hus zich hevig tegen de macht en rijkdom van de kerk, en toonde hij zich een voorstander van een sterk Tsjechisch na-

tionaal bewustzijn. Jan Hus preekte in de Betlehem-kapel in de wijk Staré Město (zie p. 91). Zijn opstandige houding jegens de kerk en zijn besluit om in het Tsjechisch te preken in plaats van het in die tijd gebruikelijke Latijn, maakten Hus populair bij zijn volgelingen en bij de koning, maar niet bij zijn meerderen. Jan Hus werd uiteindelijk in 1411 door de paus geëxcommuniceerd en eindigde vier jaar later als ketter op de brandstapel. Zijn wrede dood leidde tot oplopende spanningen, die in 1419 de Hussitische Oorlog tot gevolg hadden. Het startsein tot deze oorlog werd gegeven door de Eerste Defenestratie van Praag (□ p. 19), toen woedende Hussieten het raadhuis van Praag, gevestigd in de burcht, bestormden en een aantal raadsleden uit het raam gooiden.

Tijdens de Hussitische Oorlog stonden groepen protestanten, aanhangers van Jan Hus, tegenover katholieken. Deze laatsten werden gesteund door Sigismund van Luxemburg, de tweede zoon van Karel IV en opvolger van zijn broer. In 1432 werd een vredesakkoord tussen beide kampen getekend, waarna een periode van betrekkelijke rust aanbrak.

Rudolf II door de ogen van de schilder Giuseppe Arcimboldo

HABSBURGERS

Rudolf II, de 'mystieke' koning

Vanaf het einde van de 15de eeuw was er sprake van een Pools bestuur, tot de Oostenrijkse Habsburgers in 1526 aan de macht kwamen. Onder Rudolf II, die in 1575 de troon besteeg, brak een nieuwe bloeiperiode aan. Wederom was Praag het stralende middelpunt van het Boheemse Rijk: de stad werd grondig opgeknapt en er werd flink gebouwd. De renaissancistische architectuur deed nu haar intrede; naast de gotische gebouwen uit de tijd van Karel IV verrezen paleizen als het Schwarzenberg-paleis in Hradčany (zie p. 50). Rudolf II was een groot kunstliefhebber en bijzonder geïnteresseerd in wetenschap. Hij was de mecenas van diverse kunstenaars en had zelfs astronomen in dienst.

Het is in deze tijd dat het beeld van het 'mystieke Praag' ontstond, dat nog lang zou blijven bestaan. Behalve kunstenaars en wetenschappers had Rudolf II op een zeker moment ook verscheidene alchemisten in dienst. Alchemie, een vorm van 'natuurfilosofie' combineerde elementen van scheikunde, natuurkunde, mysticisme, astrologie en geneeskunde tot een wonderlijk geheel. De alchemisten hielden zich voornamelijk bezig met het omzetten van gewone metalen in goud en met het samenstellen van tegengiffen. Het gebied dat nu bekendstaat als het 'Gouden Straatje', op de burcht, was de thuishaven voor deze alchemisten.

Ontwikkeling Joodse wijk

Voor de Joodse bevolking van Praag brak er aan het einde van de 16de eeuw een vruchtbare periode aan. Dit was voorna-

DE ONDERGANG OP DE WITTE BERG

Aan de rand van Praag, ten westen van de wijk Břevnov waar tram 18 zijn eindpunt heeft, staat het opvallende, stervormige 'zomerpaleis' Hvězda, terwijl iets verderop de aandacht wordt getrokken door een barok kerkje. De hele omge-

De slag bij de Witte Berg is op veel afbeeldingen verbeeld, zoals op deze gravure.

ving van deze twee gebouwen, nu een mooi en rustig park waar Tsjechen met plezier fietsen, hardlopen of picknicken, was vroeger het decor van een legendarisch slagveld: de slag om Bílá Hora (Witte Berg). Na de dood van keizer Rudolf II in 1612 was er geen nazaat om de troon van hem over te nemen. Zijn zieke broer en opvolger Matthias was eveneens kinderloos en dus gingen de Habsburgers haastig op zoek naar een troonopvolger. Het werd de Spaanse Ferdinand van Stiermarken, die in 1617 gekroond werd tot koning van Bohemen, een katholieke *hardliner*. Dit zette de verhoudingen tussen de katholieken en de protestanten op scherp, en nadat bleek dat de door Rudolf II beloofde 'vrijheid van religie' onder druk kwam te staan, barstte de bom. Op 23 mei 1618 stormden protestantse edelen het Praagse kasteel binnen, om vervolgens de twee katholieke stadhouders van de nieuwe koning uit het raam te gooien: de Tweede Praagse Defenestratie. Het zou het begin van de Dertigjarige Oorlog betekenen. De protestanten besloten hierna op zoek te gaan naar een geschikte plaatsvervanger van Ferdinand II en kozen voor Frederik V, de zoon van een van de belangrijkste vijanden van katholiek Spanje. Op de dag dat Frederik V gekroond werd, besteeg Ferdinand II de troon als keizer van het Heilige Roomse Rijk, waarna hij een geheime alliantie sloot met de rooms-katholieke Maximiliaan van Beieren. Kort erna, in de late zomer 1620, bezetten de troepen van diezelfde Maximiliaan zonder al te veel moeite het noorden van Oostenrijk, om vervolgens door te stoten naar het middelpunt van het Boheemse koninkrijk: Praag. Op de koude ochtend van 8 november 1620 stonden de twee legers tegenover elkaar. De protestanten, wier leger voor een groot deel uit huurlingen bestond, positioneerden zich op de Witte Berg om zo de weg naar Praag te blokkeren, maar zij bleken toch niet bestand tegen de slimme aanvalstechnieken van het katholieke leger. Slechts twee uur hadden de katholieken nodig om hun tegenstanders in de pan te hakken. Bijna 2000 soldaten vonden hierbij de dood.

Frederik V verliet Praag met zijn vrouw, en de staart tussen de benen, en kreeg zo de spottende bijnaam 'de winterkoning'. Ferdinand II bezegelde zijn victorie met de onthoofding van 27 protestantse leiders voor het oog van de gehele Praagse bevolking, midden op het Oude Stadsplein.

'Bílá Hora' is een teer punt in de geschiedenis van het Tsjechische volk gebleven; het zou altijd gezien worden als het startpunt van 'drie eeuwen duisternis', het moment waarop het Tsjechische koninkrijk werd ingelijfd als 'slechts' een provincie van Oostenrijk-Hongarije. 'Bílá Hora' maakte ook pijnlijk duidelijk dat de Tsjechen op het slagveld geen uitblinkers waren. Er is echter één positief aspect aan deze strijd, dat vaak over het hoofd wordt gezien: de herleving van het katholicisme in de tweede helft van de 17de eeuw heeft ervoor gezorgd dat Praag nu kan pronken met een paar hoogtepunten in de barok-architectuur. Pareltjes als de St. Nicolaas-kerken in Malá Strana en Staré Město, of het Klementinum waren misschien nooit gebouwd als de protestanten die novemberdag niet zo genadeloos waren verslagen.

melijk te danken aan het feit dat de minister van Financiën onder Rudolf II een Jood was: Mordecai Maisel. De Joodse wijk die ontstaan was in de 'Oude Stad', werd door Maisel financieel ondersteund, zodat het Joodse Raadhuis gebouwd kon worden, evenals enkele synagogen. De weldoener Maisel werd hiervoor beloond met een naar hem vernoemde synagoge en straat (zie p. 103).

Katholieke overwinning

Op religieus gebied heerste er in de 17de eeuw een gematigd klimaat: hoewel de katholieke Habsburgers niet blij waren met het oprukkende protestantisme, beloofde Rudolf II in een zogeheten Majesteitsbrief godsdienstvrijheid. Na zijn dood in 1612 werd de kinderloze Rudolf opgevolgd door Ferdinand II, afkomstig uit Spanje. Het feit dat deze Ferdinand een fanatieke aanhanger van de katholieke kerk was, zette de verhoudingen op scherp. Ferdinand probeerde de door Rudolf II beloofde godsdienstvrijheid terug te draaien, tot grote woede van de protestanten. Hun opstand mondde uit in de Dertigjarige Oorlog, wederom voorafgegaan door een defenestratie. Tijdens deze oorlog deden de Habsburgers hun best het protestantisme uit te roeien en het katholicisme tot in alle hoeken van hun rijk te verspreiden. De Dertigjarige Oorlog kwam in 1620 ten einde in Praag, met de legendarische slag om Bílá Hora (□ p. 22). De protestanten werden door hun katholieke tegenstanders meedogenloos verslagen.

Hierna brak een moeilijke tijd voor de Tsjechen aan. Als gevolg van het geweld waren tienduizenden het land ontvlucht, de bevolking was met zeker een derde verminderd en het land had op economisch terrein grote schade geleden. Het gedeelte van de bevolking dat was gebleven, werd gedwongen voortaan Oostenrijks-Duits te praten; de Tsjechische taal verdween letterlijk uit het dagelijks leven en werd alleen nog tussen mensen onderling gesproken. Alle correspondentie was voortaan in het Duits, Tsjechische boeken werden verbrand. Deze 'verduitsing' van Tsjechië zou 200 jaar aanhouden.

De 17de eeuw: barok

In de 17de en 18de eeuw werd Praag wederom naar hartenlust bebouwd. Ditmaal deed de barok haar intrede; de weelderige en monumentale bouwstijl stond in contrast met de breekbare positie van het land na drie decennia oorlog. Er werden niet alleen veel kerken en paleizen gebouwd, maar veel bestaande gebouwen en wegen werden grondig gerenoveerd. Een reden waarom veel van de oorspronkelijk middeleeuwse bouw in de stad verdwenen is. Vader en zoon Christoph en Kilián Ignaz Dientzenhofer (□ p. 65) waren verantwoordelijk voor tal van barokke bouwwerken in de stad, waaronder de imposante St. Nicolaas-kerk in Malá Strana. Adellijke families gaven opdracht tot de bouw van (zomer)paleizen; veel van deze gebouwen zijn nog steeds te zien in de wijk Hradčany.

Verspreiding van het katholicisme

De kloosterorde van de jezuïeten, de beschermheren van de contrareformatie, vestigde zich aan het begin van de 17de eeuw in Praag. Zij kregen zeggenschap over al het onderwijs en alle pers in de stad en het omringende gebied. Na de Habsburgse overwinning in de Dertigjarige Oorlog was het katholieke geloof het enige geloof dat wettelijk werd toegestaan; de Joodse bevolking werd gedoogd. Het Klementinum in Staré Město werd door de jezuïeten ontwikkeld tot het reusachtige complex dat het nu nog steeds is, met kerken, bibliotheken en een observatorium. Het zou het centrum worden van de katholieke macht in Praag.

De andere Nicolaas-kerk bij dag

bied van Hongarije, Bulgarije en Turkije.

In 1740 werd Maria Theresia van Oostenrijk koningin van Hongarije en Bohemen: de eerste vrouw op deze positie. Tijdens haar 40 jaar durende regeerperiode liet zij haar sporen vooral na in de burcht, die zij grondig liet renoveren. Dit verklaart de classicistische elementen in het uiterlijk van de St. Vitus-kathedraal.

Maria Theresia deed haar best om het Habsburgse Rijk kennis te laten maken met de verlichting, om zo in de pas te blijven met West-Europese landen. Er werd een onderwijssysteem ingesteld, evenals een overheidsadministratie. Deze reorganisatie culmineerde in 1781 in het instellen van het 'Edict van Tolerantie', dat toestemming gaf tot belijdenis van andere geloven dan het katholicisme. Voor de Joodse bevolking betekende dit dat zij nu ook in staat was buiten de Joodse wijk Josefov te wonen en openbare scholen te bezoeken.

Verlichting

De aanvallen die de stad had ondergaan, evenals de oorlog, hadden duidelijk gemaakt dat een nieuwe verdedigingsmuur broodnodig was. De muur die in de 14de eeuw gebouwd was in opdracht van Karel IV, voldeed niet langer. Halverwege de 17de eeuw werd een nieuw netwerk van muren, poorten en bastions gebouwd; een project dat meer dan 70 jaar zou duren. Toch was Praag in de 18de eeuw niet vrij van aanvallen: tot tweemaal toe slaagden vijanden van de Habsburgers erin de stad te belegeren. Niettemin bleef het geslacht gedurende deze eeuw aan de macht; niet alleen in Tsjechië, maar ook in het ge-

Nieuw nationaal bewustzijn

Het einde van de 18de eeuw betekende het begin van een periode van 'reveil'. De invloed van de verlichting had gezorgd voor een nieuw nationaal bewustzijn; de eerste stap op weg naar een moderne staat was gezet. De Tsjechen streefden naar een herwaardering van de Tsjechische taal en cultuur en wilden af van het Duitse juk waar zij inmiddels al 200 jaar onder gebukt gingen.

De nationale herleving werd aangevoerd door dichter Joseph Jungmann en historicus Joseph Dobrovský. Samen zorgden

De herleving van nationale cultuur is ook terug te zien in deze posters.

zij voor een grondige vernieuwing van de Tsjechische taal; Jungmanns Tsjechisch-Duitse woordenboek uit 1839 legde de basis voor het moderne Tsjechisch. In het revolutiejaar 1848 veranderde het Habsburgse Rijk in Oostenrijk-Hongarije, maar Bohemen slaagde er niet in autonoom te worden en werd ook niet gezien als volwaardige derde partner. Het blijvende verzet tegen de Duitse taal en de inspanningen van Jungmann en Dobrovský zorgden er echter wel voor dat het Tsjechisch de tweede officiële taal werd.

In 1868 werd de eerste steen gelegd voor het Nationale Theater. Deze eerste steen was afkomstig van de berg waarvan de 'nationale vader', de Kelt Čech, zou zijn afgedaald richting het beloofde land Bohemen (☐ p. 13). De opening van het Nationale Theater, een prachtig, in neoklassieke stijl opgetrokken gebouw, was symbolisch voor de tijdgeest. Het theater symboliseerde een ode aan de Tsjechische taal en cultuur. Het was de opera *Libuše* van componist Bedřich Smetana die bij de opening in première ging: één van de zes symfonieën getiteld *Ma Vlást* ('Mijn Vaderland'), verhaalde over de legendarische prinses die aan de wieg van de stad Praag stond. De bouw van het theater was opmerkelijk genoeg gefinancierd door de lokale bevol-

king zelf, en niet door de Habsburgers. In Praag werd aanstalten gemaakt met een soort 'stadszuivering'. De stadsbestuurders wilden Praag wat meer grandeur geven, en modelleren naar steden als Parijs en Wenen. Hiervoor moesten sommige delen van de stad grondig gerenoveerd danwel herbouwd worden. Staré Město, en in het bijzonder Josefov, werden onder handen genomen. Bij de eeuwwisseling was er van het oude doolhof van straatjes en steegjes niets meer over; Josefov werd bebouwd met huizenblokken van vijf verdiepingen. Door gedwongen verhuizing van een groot deel van de oorspronkelijke bewoners kwam er een einde aan de hechte gemeenschap die er had gewoond.

EERSTE TSJECHO-SLOWAAKSE REPUBLIEK

Moeizaam begin 20ste eeuw

Evenals in andere Europese landen was de opkomende industrialisatie van grote invloed op het maatschappelijke en culturele klimaat. De romantiek had aan het einde van de 18de eeuw haar intrede gedaan in Europa, en Tsjechië deed volop mee. Componisten als Antonín Dvořák en Leoš Janáček waren ook buiten de landsgrenzen erg populair. 'Meester van de jugendstil' Alphonse Mucha (☐ p. 128)

'TGM': DE VADER VAN DE EERSTE REPUBLIEK

Een van de meest geliefde Tsjechen aller tijden is en blijft Tomáš Garrigue Masaрýk (1850–1937). Wanneer er nu een populariteitsverkiezing zou worden gehouden, is de kans groot dat 'TGM' wint. Masaрýk kan gezien worden als de geestelijke vader van het 'vrije' Tsjecho-Slowakije; een land dat in 1918 de onafhankelijkheid kreeg dankzij het Verdrag van Versailles. Masaрýk werd op 14 september van dat jaar verkozen tot president van deze nieuwe republiek.

De van huis uit rooms-katholieke Masaрýk koos al op jonge leeftijd voor het protestantisme, en bleef de rest van zijn leven een fervent aanhanger van kerkhervormer Jan Hus (p. 87), over wie hij ook een boek schreef. Hij studeerde filosofie aan de universiteit van Wenen en werd daarna hoogleraar in Praag. Vlak voor het uitbreken van de Eerste Wereldoorlog verliet hij zijn land en vestigde hij zich uiteindelijk in Parijs. Hij werd voorzitter van de Tsjecho-Slowaakse Nationale Raad, waar ook Edvard Beneš (die na Masaрýk tweemaal president van Tsjecho-Slowakije zou zijn) lid van was. Tegen het einde van de oorlog maakte Masaрýk

'TGM' (1850–1937), nog steeds erg populair onder de Tsjechen

zich sterk voor een autonome republiek bestaande uit Tsjechië en Slowakije, en als voorzitter van de Raad bezocht hij de toenmalige Amerikaanse president Wilson om invloed uit te oefenen.

TGM was van mening dat democratie 'een politieke vorm van menselijkheid' was, en hij deed zijn best zijn land zo menselijk mogelijk te besturen. Hij werd wel de eerste feminist van Tsjechië genoemd, een titel waarvan hij zelf meende dat hij die te danken had aan de invloed van zijn Amerikaanse vrouw Charlotte Garrigue, wier meisjesnaam hij in zijn initialen opnam. TGM speelde een grote rol in de emancipatie van de vrouw in het Tsjecho-Slowakije van de vroege 20ste eeuw. Omstreden was ook zijn nietaflatende pro-Hussitische houding; hij bleef zich ook gedurende zijn presidentschap uitspreken tegen de katholieke kerk. Dit tot groot ongenoegen van de katholieke meerderheid in het land.

TGM stierf in 1937, twee jaar na zijn aftreden. Een decennium later grepen de communisten onder aanvoering van Klement Gottwald de macht, en al snel was er weinig over van de menselijke democratie die Masaрýk zo had gekoesterd.

TGM blijft prominent aanwezig in Praag; zijn standbeeld staat tegenover de ingang van de burcht. Op zijn geboorte- en sterfdag leggen bewonderaars tot op de dag van vandaag bloemen neer aan zijn voeten.

maakte furore in Parijs.

In 1914 kwam er abrupt een einde aan de ontluikende culturele bloei van de 20ste eeuw, toen de Oostenrijkse Franz Ferdinand, een Habsburger, in Sarajevo vermoord werd. De Eerste Wereldoorlog was ingrijpend voor heel Europa, niet in de laatste plaats voor Centraal- en Oost-Europa. Het maatschappelijke landschap veranderde drastisch: vrouwen namen thuis, en vaak ook op de werkvloer, de posities

in van de mannen die vochten aan het front, en politiek georganiseerde groepen van burgers kregen meer invloed.

Binnen het Oostenrijks-Hongaarse Rijk groeide de afstand tussen Tsjechen en Duitsers. De Habsburgse monarchie had weinig oog voor het Tsjechische gedeelte van de bevolking, dat zich derderangs burgers voelde. De behoefte aan werkelijke onafhankelijkheid werd groter. Een van de pleitbezorgers daarvoor was professor

Het Oude Stadsplein aan het begin van de 20ste eeuw

T. G. Masarýk (□ p. 26), die in 1915 geëmigreerd was en vanuit het buitenland het politiek verzet tegen Oostenrijk-Hongarije organiseerde middels de vorming van de Tsjecho-Slowaakse Nationale Raad. Hierin nam ook de Tsjechische wetenschapper Edvard Beneš plaats. De Raad maakte zich sterk voor een autonome republiek bestaande uit Tsjechië en Slowakije.

De mythe van Praag als zijnde een 'magische' stad vierde hoogtij aan het begin van de 20ste eeuw. Duitse en Engelse schrijvers schreven romans waarin de stad werd opgevoerd als een labyrint van mysteries en occulte zaken. De roman *Der Golem* van Gustav Meyrink uit 1915 blies een oude Joodse legende nieuw leven in (□ p. 101) en schilderde Praag af als een duistere, mystieke stad. In werkelijkheid werd het Praag van de jaren tien getekend door oorlog, honger en desillusie.

Eerste Tsjecho-Slowaakse republiek

Na de Eerste Wereldoorlog was het Habsburgse Rijk definitief van de kaart geveegd. Alle inspanningen van T. G. Masarýk en zijn Tsjecho-Slowaakse Nationale Raad waren niet voor niets geweest. In het jaar 1918 kregen de landen die voorheen onderdeel waren geweest van Oostenrijk-Hongarije het recht op zelfbeschikking. Bohemen, Moravië, Slowakije en Roethenië werden verenigd in de eerste Tsjecho-Slowaakse republiek: op 28 oktober werd het officieel bekrachtigd. Op die dag wordt, tot op heden, de geboorte van de republiek gevierd.

Het nieuws werd in Praag met grote blijdschap ontvangen. Mensen trokken in groten getale de straat op, scheurden oude vlaggen aan stukken en keken toe hoe de adelaars, symbolen van het oude regime, van gebouwen werden neergehaald. T. G. Masarýk keerde aan het einde van dat jaar terug naar zijn land. Hij werd unaniem gekozen tot president van de republiek. De grote inspanningen die hij had geleverd, evenals het feit dat hij zich niet verbond aan een politieke partij, maakten hem tot de ideale 'vader' van de republiek. Zijn slo-

Een Boheemse leeuw met een Slowaaks kruis op z'n schild

gan dat 'democratie een politieke vorm van menselijkheid' was, sloot aan bij de nieuwe koers. In deze republiek, grotendeels beïnvloed door de liberale ideeën die waren overgewaaid uit West-Europa en de Verenigde Staten, waren alle burgers gelijk. En allen spraken zij vanaf nu Tsjechisch.

Opkomst communisme

Ondanks de nieuwe politieke koers bleef het turbulent in het land. De voormalige Duitse gebieden vormden een probleem in de nieuwe republiek, en de bewoners ervan kwamen dikwijls in opstand. Ook in Praag rommelde het tussen de verschillende bevolkingsgroepen. De sociale onrust zorgde voor protesten onder de bevolking. Arbeiders die gebukt gingen onder de economische malaise, bezetten met enige regelmaat het Oude Stadsplein in Staré Město, en grote stakingen braken uit. In 1921 werd een grote nationale Communistische Partij gevormd, naar bolsjewistisch model. In een paar jaar tijd nam de aanhang van deze partij enorm toe.

'Groter Praag'

In 1922 werd Praag eindelijk officieel erkend als hoofdstad van de nieuwe republiek. Hierbij werden ook de nieuwe stadsgrenzen bepaald, met als resultaat een 'Groter Praag'. De vijf wijken 'Oude Stad', 'Nieuwe Stad', Hradčany, Josefov en Vyšehrad vormden samen met vijf buitenwijken en 38 kleine dorpjes en gehuchten de nieuwe metropool. Praag was nu de zesde grote stad van Europa, met in totaal zo'n 700.000 inwoners. De leefomstandigheden waren voor het leeuwendeel van deze inwoners echter nog steeds erbarmelijk. Waar men zich 100 jaar eerder nog bezighield met de bouw van barokke zomerpaleizen, was het nu de dringende vraag om sociale woningbouw die de overheid het meest bezighield. Ook de commerciële bebouwing van de stad veranderde van karakter: weelderigheid en extravagante decoraties maakten plaats voor sobere, strakke gevels. De opkomst van het kubisme in Europa resulteerde in een eigen nationale variant. Tsjechische architecten adopteerden de kenmerken van de stijlvorm en pasten die toe in hun ontwerpen.

Het stadsleven werd in de jaren twintig en dertig gelukkig niet alleen gekenmerkt door armoede en woningnood. Na vier jaar oorlog bloeide het culturele leven weer op in Praag. De cafécultuur nam toe: schrijvers, kunstenaars, intellectuelen zochten elkaar op diverse plekken in de stad op,

De eerste decennia van de twintigste eeuw kenden een levendige cafécultuur.

JAMES BOND IN PRAAG

De romantische skyline van Praag inspireerde veel filmmakers.

Praag is sinds de jaren tachtig een populaire filmlocatie; niet alleen voor Tsjechische filmmakers, maar ook voor Hollywoodregisseurs. In 1984 filmde de van oorsprong Tsjechische regisseur Miloš Forman grote delen van zijn film Amadeus in Praag; de smalle straatjes met kinderkopjes en de zijarmen van de Vltava spelen een prominente rol in de film (□ p. 157).

De kleine straatjes in Staré Mĕsto, de sfeervolle wijk rondom de burcht en de talrijke barokke gebouwen in de stad zorgen voor een unieke sfeer. Praag heeft in veel films de rol van andere steden mogen spelen: straatscènes die zich in 19de-eeuws Parijs of Wenen dienen af te spelen, zijn niet zelden in Praag opgenomen.

In 2005 werden de voorbereidingen getroffen voor weer een nieuwe film in de bekende reeks rondom geheim agent 007. Een nieuwe James Bond werd ditmaal gevonden in de Engelsman Daniel Craig. De film werd voor een groot deel geschoten in de straten van Praag, en in de inmiddels beroemd geworden Barrandov-studio die buiten het centrum ligt.

De Barrandov-studio werd in de jaren dertig opgericht door de gebroeders Havel, die een grote rol speelden in de ontwikkeling van de Tsjechische filmindustrie. Tijdens de Tweede Wereldoorlog werd de studio flink verbouwd en uitgebreid, omdat de nazi's er graag gebruik van wilden maken.

De Praagse Lente betekende een opleving van de Tsjechische film en alle filmmakers maakten gebruik van de Barrandov-studio's. Omdat sommige van deze films ook in het buitenland bekendheid genoten, trokken buitenlandse regisseurs eind jaren tachtig naar Tsjecho-Slowakije, om gebruik te maken van de goed geëquipeerde Barrandov-studio's én het prachtige landschap in de omgeving van Praag.

Inmiddels is de studio geprivatiseerd, trekt jaarlijks filmmakers uit binnen- en buitenland en staat bekend als 'het Hollywood van Praag'.

De openingsscène van *Casino Royale* is geschoten in het nieuwe kantorencomplex Danube House, aan de oever van de Vltava in de wijk Karlín. Ook de bibliotheek van het beroemde Strahov-klooster speelt een rol in de film, evenals de begane grond van het Nationale Museum, dat optreed als hotellobby. En de scènes die zich afspelen op het vliegveld van Miami zijn in werkelijkheid opgenomen op vliegveld Ruzyne, ten noordwesten van Praag. Een opmerkelijke locatie is het monument op de Vitkov-heuvel (p. 133); voor het publiek is dit enorme mausoleum gesloten, maar in *Casino Royale* doet het dienst als tentoonstellingsruimte in Miami!

Enkele andere bekende Hollywoodfilms die (deels) in en rond Praag geschoten werden, zijn: *Mission: Impossible* (1996), *The Bourne Identity* (2002), *xXx* (2002), *The League of Extraordinary Gentlemen* (2003), *Van Helsing* (2004), *The Brothers Grimm* (2005), *Oliver Twist* (2005) en *The Illusionist* (2006).

al leefden de verschillende bevolkingsgroepen grotendeels langs elkaar heen. De
schrijver Jaroslav Hašek had na zijn terug-
komst van het oorlogsfront zijn memoires, in nogal vrije vorm, op papier gezet,
en zijn roman *Osudy dobrého vojáka Švejka
za světové války* (*De lotgevallen van de brave
soldaat Švejk*) kwam in 1923 uit. Het boek,
over een anti-autoritaire held met anarchistische trekjes, kon rekenen op grote populariteit onder de bevolking. Ook
schrijvers als Karel Čapek en Jaroslav Seifert schreven nu in het Tsjechisch. Er ontstond zo een splitsing in het culturele leven, die zich voornamelijk uitte op het
literaire vlak: aan de ene kant schrijvers
die in het Tsjechisch schreven, aan de andere kant de Duitstalige schrijvers en dich-
ters zoals Reiner Maria Rilke, Max Brod en
Franx Kafka (□ p. 49), wiens oeuvre grotendeels pas na zijn dood in 1924 werd gepubliceerd.

Tegenstellingen

Onder de bevolking was er ook sprake van
verdeeldheid: de Slowaken waren, in tegenstelling tot de Tsjechen, vooral agrari-
ers en geneigd tot katholicisme. De Joden,
die 2,5 procent van de bevolking uitmaak-
ten, spraken uitsluitend Duits, en daar waren de Tsjechen absoluut niet van gechar-
meerd. De overgebleven Sudeten-Duitsers,
bij elkaar een bevolkingsgroep van ruim
drie miljoen mensen, woonden voornamelijk in het westelijke gedeelte van het
land. Zij waren tegen hun zin ingelijfd in
de nieuwe republiek en lonkten nu sterk
naar de *Heimat*. Dit resulteerde in de opkomst van de politieke Sudetendeutsche
Partei, die vanaf 1935 onder invloed zou
komen van Adolf Hitlers NSDAP.

Einde interbellum

Het groeiende gevaar van het opkomende
nazisme in buurland Duitsland baarde de
Tsjecho-Slowaken zorgen. Dit zorgde voor

een sterke antifascistische beweging binnen de bevolking. Veel vluchtelingen uit
Duitsland zochten een veilig onderkomen
in de republiek; schrijvers, kunstenaars,
wetenschappers en andere burgers die
hun leven in Duitsland niet meer zeker
waren, konden er terecht. Dit wekte veel
argwaan bij de Duitse regering en zorgde
voor oplopende politieke spanningen tussen beide landen.

In 1935 werd T. G. Masarýk opgevolgd
door Edvard Beneš, wat de bevolking er
in ieder geval van verzekerde dat de in-
geslagen weg van liberale democratie gevolgd zou blijven worden. Helaas raakte de republiek geïsoleerd van de rest van
Europa.

De andere Europese regeringsleiders deden in het begin te weinig om Hitler te
stoppen in zijn expansiedrift. Toen hij in
maart 1938 Oostenrijk binnenviel, kwam
het gevaar steeds dichterbij voor de Tsjecho-Slowaakse Republiek. Om een verdere crisis te proberen te voorkomen, werd
later dat jaar door Engeland, Duitsland en
Frankrijk besloten dat Hitler de westelijke delen van Tsjecho-Slowakije mocht an-
nexeren. De Tsjechische Sudetendeutsche
Partei, die toen al enige tijd nauw samen-
werkte met de NSDAP, speelde hierbij een
grote rol. Beneš, met de bevolking in zijn
kielzog, probeerde zich tot het laatste moment te verzetten tegen het Verdrag van
München waarin het lot van de republiek
werd bezegeld, maar het was tevergeefs.
Nog geen jaar later viel de republiek tot
ieders ontsteltenis volledig onder Duits
mandaat.

Begin van de bezetting

Op 15 maart 1939 vielen Duitse tanks het
land binnen en bezetten als eerste de stad
Brno. De Tsjecho-Slowaakse Republiek,
amper 20 jaar oud, viel in brokstukken
uiteen. Polen legde beslag op een gedeelte
van Noord-Moravië, en uiteindelijk wisten

De straten van Praag werden tijdens de bezetting ontsierd door grote vlaggen met hakenkruizen.

de Slowaken zich, met steun van de nazi's, los te weken van de Tsjechen. De eerste twee jaren van de oorlog verliepen in relatieve rust, tot de moordaanslag op ss-officier Reinhard Heydrich in Praag, in 1942 (zie pp. 122-123). Nadat Heydrich aan zijn verwondingen was overleden, liet Hitler als represaille de bevolking van twee stadjes in de buurt van Praag, Lidice en Ležáky, volledig uitmoorden.

Hierna werd er veel strenger opgetreden tegen eenieder die tegen de bezetting in opstand kwam. Ook de Joodse bevolking van Praag en de rest van het land leed zwaar in de oorlog. Onder de ruim 300.000 Tsjechische slachtoffers die in de Tweede Wereldoorlog vielen, waren zo'n 78.000 Joden. De regering van het 'Rijksprotectoraat Bohemen en Moravië', zoals Tsjecho-Slowakije onder Duitse bezetting heette, hielp de nazi's actief met het opsporen en op transport zetten van Joden en zigeuners. In Praag werd de Joodse wijk Josefov systematisch uitgekamd: 90 procent van de Praagse joden kwam om, vele in het concentratie- en doorvoerkamp Terezín (Theresienstadt), slechts 60 km ten noorden van Praag.

IN COMMUNISTISCHE HANDEN

1945
De 5de mei 1945 was de dag van de Praagse opstand. Berichten dat geallieerde troepen de stad waren genaderd, zorgden ervoor dat de bewoners van Praag en masse de straat opgingen om getuige te zijn van de bevrijding van hun stad. Hoewel de nazi's hard optraden tegen deze burgers, konden zij niet voorkomen dat er een opstand uitbrak. Mensen trokken alle Duitse vlaggen en borden van gevels af, bestormden de radiogebouwen en plaatsten honderden barricades in de straten. De opstand duurde drie dagen, een periode waarin zo'n 1700 burgers de dood vonden. Op 9 mei was het dan eindelijk zo ver: Russische tanks reden de straten van Praag binnen en bevrijdden de stad van de zes jaar durende bezetting.

Het was geen verrassing dat de communisten een jaar later de vrije verkiezingen wonnen; zowel de Russische als de Tsjechische communisten werden beschouwd als ware oorlogshelden.

Begin 'Derde Republiek'
Klement Gottwald werd na de bevrijding door Edvard Beneš benoemd tot leider van

een communistische coalitie. Beneš, die tot 1938 president was geweest en het land was ontvlucht tijdens de bezetting door de nazi's, trad weer aan, in de hoop dat de democratie kon blijven voortbestaan onder de communisten.

Onder invloed van de Sovjetrepubliek, die bang was voor aantasting van haar macht, had Tsjecho-Slowakije zich genoodzaakt gezien deelname aan het Marshallplan af te slaan. Het land had gehoopt een brug te kunnen slaan tussen Oost en West, maar werd teruggefloten. Josef Stalin voerde de druk op de Tsjecho-Slowaakse communisten op en begin 1948 forceerde Klement Gottwald een communistische staatsgreep. Een hevig gedesillusioneerde Edvard Beneš trad hierop af.

Op 25 februari van dat jaar werd Klement Gottwald door een menigte bejubeld toen hij, vanaf een balkon op het Wenceslasplein, de 'republiek van het volk' uitriep. Hij werd nu de leider van een geheel communistische regering en ontpopte zich tot een trouw volgeling van Josef Stalin. In de lijn met diens politiek werden tegenstanders van de Tsjechische regering, onder wie katholieken, niet-communistische verzetsstrijders en Joden, zonder scrupules uit de weg geruimd.

Socialisme met 'een menselijke gezicht'

Stalin stierf in 1953, zijn trouwe volgeling Gottwald niet lang daarna. In 1957 kwam Antonín Novotný aan het hoofd van de Communistische Partij te staan.

Toen het reusachtige Stalin-monument in 1962 in het Letná-park in Praag werd opgeblazen (zie p. 141), leek dit het begin van een nieuwe periode te symboliseren. De Tsjecho-Slowaken werden opener en mondiger, en de bestuurders leken een minder rigide lijn te volgen. De jaren zestig waren een bijzonder vruchtbare periode voor de Tsjecho-Slowaakse cultuur. Er werden tal van boeken uitgegeven en vooral de thea-

Een lidmaatschapsbewijs van het 'Tsjecho-Slowaakse-Russische Vriendschaps Verbond'

terwereld kwam in deze tijd tot leven. De 'New Wave'-cinema werd in binnen- en buitenland populair. Deze bloei van het culturele leven was vooral in Praag merkbaar.

Novotný's kritische houding jegens het Slowaakse deel van de bevolking zorgde ervoor dat hij in het begin van 1968 werd afgezet. Hij werd vervangen door de Slowaakse Alexander Dubček. De nog relatief jonge Dubček werd bestempeld als 'de socialist met een menselijk gezicht'. Er brak nu overduidelijk een nieuwe periode aan in de nationale politiek, bestempeld als de 'Praagse Lente'. De studentenrevoltes in andere Europese steden waren gericht tegen de bourgeoisie en gebaseerd op linkse ideologieën, maar de veranderingen in Tsjecho-Slowakije waren een teken van een teruggrijpen naar oude idealen van liberale democratie. Concreet betekende de Praagse Lente een periode waarin Dubček een milde koers voer en de Tsjechische burgers even bevrijd waren van preventieve censuur en andere restricties.

Opnieuw Russische tanks

De Sovjetleiders bekeken deze ontwikkelingen met grote argwaan. Zij waren bang dat andere satellietstaten het voorbeeld van Tsjecho-Slowakije zouden willen volgen en dat de positie van het 'Sovjetsocialisme' ernstig aangetast zou worden. Al in april 1968 werden plannen gemaakt voor een militair ingrijpen als de koerswijzigingen zouden aanhouden.

Ondanks duidelijke waarschuwingen ging de regering van Dubček door met de her-

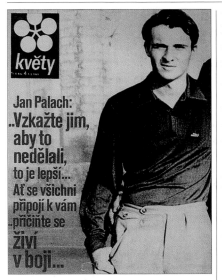

Jan Palach, de martelaar

vormingsplannen. In opdracht van een gealarmeerd Kremlin vielen Russische troepen aan het einde van de zomer Tsjecho-Slowakije binnen. Zij bezetten het Praags kasteel en ontvoerden Dubček en een aantal van zijn aanhangers. Het hevige verzet van de bevolking mocht niet baten en binnen een jaar was Dubček vervangen door de Moskou-vriendelijke Gustav Husák. De wanhoop van het Tsjechische volk na deze inval vond een gruwelijk symbool in de 21-jarige student Jan Palach, die zichzelf op 16 januari 1969 op het Wenceslas-plein in Praag met benzine overgoot en in brand stak. Een maand later werd zijn voorbeeld gevolgd door de student Jan Zajíc.

Een donkere tijd

Na de beëindiging van de Praagse Lente volgden twintig jaar van relatieve rust in het land, en gelatenheid onder de bevolking. Gustav Husák deed zijn best om een proces van 'normalisatie' door te voeren. Dissidenten werden weliswaar niet meer geëxecuteerd, maar nog steeds vervolgd en gevangengenomen. De geheime poli-

tie ('StB') draaide overuren bij het controleren en bespioneren van de burgers. Het openbare leven werd op alle fronten gereguleerd. Het land verlaten was niet toegestaan. De Tsjecho-Slowaken keerden in zichzelf en bemoeiden zich steeds minder met de politiek. Wie geen lastige vragen stelde, werd met rust gelaten en mocht genieten van relatieve welvaart.

In de rest van Europa, en deels ook in Amerika, groeide juist de interesse in de Tsjecho-Slowaakse cultuur. Toneelstukken van toneelschrijvers als Václav Havel werden in buitenlandse theaters opgevoerd, boeken van Tsjechische schrijvers als Bohumil Hrabal en Milan Kundera werden vertaald, en Jaroslav Seifert won zelfs de Nobelprijs voor de literatuur.

Charta 77

In 1975 ondertekende de Tsjecho-Slowaakse president Gustav Husák de Helsinki-akkoorden, evenals 34 andere landen uit de twee Koude Oorlogkampen.

De akkoorden gingen onder andere over samenwerking op economisch, wetenschappelijk en technologisch gebied en milieuzaken; en een belangrijk deel ervan ging over de rechten van de mens.

Het onderdeel over mensenrechten zou de communistische regering van Tsjechië uiteindelijk opbreken, maar dat kon niemand toen voorzien. De akkoorden zouden op het thema van veiligheid zijn gebaseerd, maar al snel sprak men enkel nog over 'het mensenrechtenverdrag'.

Twee jaar na het ondertekenen van het verdrag werden enkele leden van de underground-rockgroep Plastic People of the Universe (□ p. 34) door een rechtbank veroordeeld wegens 'burgerlijke ongehoorzaamheid'. Als reactie hierop publiceerde een groep dissidenten, onder aanvoering van toneelschrijver Václav Havel, een document getiteld 'Charta 77', een naam die verwees naar de Engelse *Magna*

ROCK-'N-ROLLHELDEN

Er zijn weinig landen waarvan de politieke geschiedenis, of althans een deel ervan, gesymboliseerd kan worden aan de hand van een rockband. Maar wat Tsjecho-Slowakije betreft kan men de band Plastic People of the Universe zien als een vertegenwoordiger van het lot van de talrijke burgers die gebukt gingen onder het communistische regime in de jaren zeventig en tachtig, toen de inval van Russische tanks na de Praagse Lente een bruut einde maakte aan de korte maar hevige periode van 'menselijk socialisme'.

De band Plastic People of the Universe werd gevormd in 1968, het jaar van de Praagse Lente en de daarop volgende inval van Russische tanks. De volgende decennia zou Tsjecho-Slowakije gebukt gaan onder een strikt regime, en hierbinnen was rock-'n-roll niet welkom. Het repertoire van de Plastic People of the Universe bestond aanvankelijk alleen uit covers van Amerikaanse bands als The Doors, Frank Zappa's Mothers of Invention en het grote voorbeeld Velvet Underground, maar al snel begonnen de bandleden zelf nummers te schrijven.

Plastic People of the Universe bestond uit negen leden, onder de bezielende leiding van de dissidente intellectueel Ivan Jirous. Hij beschreef de opkomst van ondergrondse rockbands als een 'gemeenschap van gelijkgestemden die anders willen leven'. Anders dan de overgereguleerde samenleving hun voorschreef. Hun liefde voor rockmuziek en het bijpassende uiterlijk (spijkerbroek, lang haar) maakten de bandleden en hun aanhangers 'subversief' in de ogen van de communisten.

Het was voor de band niet mogelijk in het openbaar op te treden; vrijwel alle legale rockclubs waren na 1968 immers gesloten. Ook het opnemen van platen moest op illegale wijze gebeuren, waarna de muziek naar het buitenland werd gesmokkeld om daar te worden uitgebracht. Ondanks deze restricties trad de band toch op, vaak op de vreemdste plekken; in kelders van huizen of in een schuur op het platteland. Hun concerten waren happenings in de beste jarenzestigtraditie, compleet met psychedelische lichtshows. De geheime politie slaagde er regelmatig in de locaties te achterhalen en de concerten te verstoren; vaak werd er dan hardhandig opgetreden en werden er arrestaties verricht.

In 1977 kwam de toneelschrijver Václav Havel in aanraking met de leden van Plastic People of the Universe, nadat Ivan Jirous en enkele bandleden terecht hadden gestaan voor 'subversief gedrag' en het schrijven van 'aanstootgevende, antisociale teksten'. De rechtszaak tegen de rockmuzikanten vormde de directe aanleiding voor Charta 77: een document, opgesteld door een groep schrijvers, kunstenaars, muzikanten en intellectuelen onder leiding van Havel, dat de regering van Tsjecho-Slowakije bewust wilde maken van haar schending van de mensenrechten (📖 pp. 138-139). Havel nam de band onder zijn hoede; hij bood hun de mogelijkheid in zijn *chata* (buitenhuisje) op te treden en er enkele platen op te nemen. Ook schreef hij enkele teksten voor de band.

Het is opmerkelijk en bewonderenswaardig dat een band onder dergelijke omstandigheden bleef doorgaan met het maken van muziek, met alle risico's van dien. Sommige bandleden verdwenen meermalen achter de tralies; optreden werd gedurende de decennia steeds moeilijker en de platen waren alleen in het buitenland verkrijgbaar. Toch geloofden de leden van Plastic People of the Universe met hart en ziel in hun muziek en kon zelfs dertig jaar oppressie hen niet weerhouden van het beoefenen van hun enige religie: rock-'n-roll.

In 1988 werd de band opgeheven. In 1993 kwamen ze weer even bij elkaar, voor een eenmalig reünieconcert met Velvet Underground, hun grootste muzikale invloed.

In Tsjechië heeft de band nooit aan populariteit verloren. Hun rebelse en standvastige houding jegens het communisme heeft hun behalve kritiek ook veel bewonderaars opgeleverd. En er zijn genoeg Tsjechen die de geschiedenis van de band zien als een symbool van de geschiedenis van het Tsjecho-Slowaakse volk.

Charta uit 1215 (een handvest gericht tegen machtsmisbruik door kerk en adel). Middels Charta 77 sprak de groep zich uit tegen het vonnis van de rechtbank, en zij deed een dringend beroep op president Husák om zijn geheugen op te frissen omtrent het tekenen van de Helsinki-akkoorden; de gevangenschap van de muzikanten zou ernstig in strijd zijn met de rechten van de mens. Wat begon als een lokaal initiatief in Praag, groeide uit tot een nationale, en uiteindelijk zelfs internationale manifestatie van protest.

Groot verzet door de bevolking van Praag in november 1989

Westerse kranten als de Franse *Le Monde* en de Engelse *The Times* pikten het verhaal op en brachten het in West-Europa naar buiten. Uiteraard bleef het niet uitsluitend bij het ene geval van de gearresteerde rockers; al snel werden verschillende overheidsacties aan de kaak gesteld.

Charta 77 bevatte al snel zo'n 2000 handtekeningen, ook van mensen buiten Tsjecho-Slowakije. Dit lijkt een klein aantal, maar het ondertekenen van een dergelijk kritisch manifest was niet geheel zonder gevaren. De regering sloeg keihard terug, door het manifest af te schilderen als een 'antisocialistisch, demagogisch en crimineel' document, en de individuele ondertekenaars als 'verraders' te bestempelen. Sommige mensen verloren hun baan of zelfs hun staatsburgerschap.

De leden van Charta 77 bleven zich actief verzetten tegen de onderdrukking door de communistische regering. Met name de onofficiële leider Václav Havel speelde een belangrijke rol in het verzet; hij werd voor zijn daden dan ook enige malen gevangengenomen.

Fluwelen Revolutie

In 1985 werd Michail Gorbatsjov aangesteld als secretaris-generaal van de Communistische Partij van de Sovjet-Unie. Voor het eerst in jaren leek het tij te keren: Gorbatsjov verklaarde zich niet te willen bemoeien met de binnenlandse politiek van Warschaupactlanden en benadrukte het belang van individuele vrijheden. Er ontstond gerommel onder het Tsjechische volk: tijdens een Jan Palach-herdenking in 1989 werd toneelschrijver en Charta 77-oprichter Václav Havel gearresteerd en gevangengezet, maar onder internationale druk vervolgens ook vrij snel weer vrijgelaten. De val van de Muur in Berlijn veroorzaakte grote opschudding onder de Tsjechen, en op 17 november brak dan eindelijk de Fluwelen Revolutie uit. Vier dagen lang verzamelden duizenden Tsjecho-Slowaken zich dag en nacht op het Wenceslas-plein om vreedzaam te demonstreren voor democratie en het aftreden van de communistische bewindslieden.

De Tsjecho-Slowaakse regeringsleiders deden aanvankelijk alsof hun neuzen bloedden, maar amper drie weken later werd

Prachtig uitzicht over de daken van Malá Strana vanaf de burchtheuvel

In de jaren na de val van het communisme groeiden Slowakije en Tsjechië steeds meer uit elkaar. Slowakije had zich altijd benadeeld gevoeld door Praag en wilde onafhankelijk zijn van Tsjechië. Op 1 januari 1993 gingen de twee landen definitief 'uit elkaar'. Het betekende de geboorte van de Tsjechische Republiek zoals wij die nu nog steeds kennen. Nieuwe verkiezingen werden uitgeschreven en wederom won Václav Havel.

VRIJ EN VERDER

Tsjechische cultuur herleeft

Na een lange, donkere periode begon het culturele leven weer op te bloeien in Tsjechië. Op het gebied van literatuur kwamen er veel nieuwe talenten op en uitgeverijen zorgden voor nieuwe aanwas voor literatuurliefhebbers. Ook buitenlandse literatuur werd nu op grote schaal vertaald en zo toegankelijk gemaakt voor een groot publiek. Een van de belangrijkste gebeurtenissen op cultureel gebied was de opening van het Veletržní Palác in de Praagse wijk Holešovice (zie p. 144), in 1995. In het enorme voormalige handelsgebouw, opgetrokken in functionalistische stijl, werd een museum gehuisvest, dat voor het eerst een grote collectie Tsjechische kunst uit de 19de en 20ste eeuw toonde. Veel van de tentoongestelde werken waren onder het communisme verboden geweest of hadden nog niet eerder het daglicht gezien.

de regering toch gedwongen af te treden. Nog voor de jaarwisseling werd Václav Havel benoemd tot interim-president van de Tsjecho-Slowaakse Federale Republiek.

Jaren negentig

In juni 1990 vonden de eerste vrije verkiezingen in bijna een eeuw plaats. Václav Havel werd gekozen tot nieuwe president, een rol waarin deze toneelschrijver en voormalig dissident nog moest groeien. Voor de nieuwe regering lag de nadruk op drastische economische hervormingen, wat tot gevolg had dat de levensstandaard voor bepaalde tijd omlaag moest. De inwoners van de nieuwe federale republiek gingen akkoord met deze tijdelijke maatregelen.

Naar de 21ste eeuw

2004 was het jaar waarin Tsjechië toetrad tot de Europese Unie, slechts vijftien jaar

Het moderne Praag: performance art in galerie NoD

nadat het zich had bevrijd van het communisme. Wie nu door de hoofdstad Praag loopt, ziet onmiskenbaar sporen uit de donkere periode, maar de vooruitgang zegeviert overduidelijk. Winkelstraten lonken naar de consumenten met talloze modewinkels, grote supermarkten, casino's en bioscopen. De financiële steun van de Europese Unie zorgde ervoor dat Praag zijn parels in ere kon herstellen; de historische gebouwen rondom het kasteel en in de oude wijken hebben frisse gevels. De stad oefent een onweerstaanbare aantrekkingskracht uit op Amerikaanse studenten, toeristen en expats uit de hele wereld. De toeristenindustrie draait op volle toeren en vrijwel het gehele jaar staan grote groepen bezoekers van over de hele wereld met open mond te staren naar de astronomische klok op het Oude Stadsplein.

De Tsjechen zijn een van de meest agnostische volken ter wereld. Het is dan ook geen verrassing dat het overgrote deel van de kerken in Praag gebruikt wordt als concertzaal, en niet als kerk. De twintigers en dertigers lijken zich voornamelijk bezig te houden met werken, geld verdienen en feesten. Hun nieuwe levensstijl hebben zij afgekeken van hun westerse generatiegenoten en er zelf vervolgens nog wat schepjes bovenop gedaan. De consumptiecultuur viert hoogtij; de gloednieuwe *shopping malls* die in Praag te vinden zijn, zijn zeven dagen in de week gevuld met winkelende mensen. Waar oudere generaties soms moeite hebben met de snelle maatschappelijke veranderingen, en een enkeling zelfs met heimwee terugblikt op de 'goede oude socialistische tijd', kijkt de jongere generatie alleen nog maar vooruit. Praag is zonder meer een van de meest dynamische steden in Europa; veranderingen op economisch, sociaal en cultureel gebied volgen elkaar in rap tempo op. Het land is aan een inhaalrace bezig en Praag kan in veel opzichten wedijveren met steden als Parijs of Londen. Toch maakt de bijzondere geschiedenis van de stad haar uniek, en het is te hopen dat zij in haar honger naar de toekomst haar historische rijkdom nooit uit het oog zal verliezen.

HIGHLIGHTS:
TOP TIEN VAN PRAAG

Hoewel Praag geen grote metropool is, is het zeker bij een kort verblijf in de stad soms moeilijk kiezen tussen de talloze activiteiten en bezienswaardigheden. Wie een week of langer in Praag verblijft, heeft genoeg tijd om alle hoogtepunten van de stad te ervaren; bij een korter verblijf is het nodig keuzes te maken. Maar ook tijdens een weekendje Praag kun je volop genieten van wat de stad te bieden heeft. Hieronder mijn top tien.

Bewandel de Karlův most

De Karelsbrug, gebouwd in de 14de eeuw, is misschien wel de bekendste brug van Europa en een bezienswaardigheid die eigenlijk door niemand overgeslagen zou mogen worden. De talloze toeristen die de brug overdag bezetten kunnen vermeden worden: ook laat op de avond of in de vroege ochtend kun je over de brug slenteren. Let op de diverse bijzondere standbeelden die de brug bemannen.

Bewonder de Pražský hrad

Ook de beroemde burcht van Praag, die hoog boven de stad uittorent, mag niet overgeslagen worden. Een wandeling over de drie binnenplaatsen geeft een goed beeld van de bouw van het kasteelcomplex. De **St. Vituskathedraal** is waarschijnlijk de meest imposante bezienswaardigheid van de burcht.

Bezoek een *pivnice*

Ga eens naar een echte Tsjechische 'pub', schuif aan een van de lange tafels en geniet van een *pivo* (bier) met wat gefrituurde kaas, of bestel er een traditionele maaltijd bij; rijkelijk voorzien van verschillende soorten vlees en natuurlijk de bekende *knedlíky* (deegballen). Doe als de Tsjechen doen, *na zdraví*!

De Vltava, de levensader van Praag

Wandel door Josefov

De Joodse wijk van Praag, in de wijk Staré Město, is een karakteristiek gedeelte van het oude centrum. Wie niet alle synagogen wil bezoeken, maar toch een goede impressie wil krijgen van de geschiedenis van Josefov en zijn inwoners, doet er goed aan de **Spaanse synagoge** binnen te lopen; veruit de indrukwekkendste van alle synagogen.

Na zdraví!

Maak een ritje met de tram

Hoewel Praag een stad is die te voet prima te doorkruisen is, kan het zowel handig als leuk zijn om regelmatig gebruik te maken van de talrijke roodwitte trams die door de stad rijden. Voor een adembenemend uitzicht over de stad neem je tram 22 of 23 richting de burcht.

Beklim de Petřín-heuvel

Wie niet wil klimmen, kan ook de kabelbaan nemen. De Petřín-heuvel, in de wijk Malá Strana, is niet alleen een fijne plek om te wandelen of uit te rusten, maar biedt ook een aantal mooie bezienswaardigheden, zoals het Observatorium, de Petřín-toren en de rozentuin.

Wandel over Staroměstské náměstí

En vergeet niet daar te kijken naar de beroemde oude klok, de *Orloj*. De bijzondere astronomische wijzerplaat en het uurwerk dateren van de 15de eeuw. Bij elk heel uur open de luikjes in de klok zich en maken twaalf houten apostelen een rondje.

Bezoek een museum

Praag heeft zoveel musea dat het bijna onmogelijk is ze allemaal te bezoeken. Musea die zeker niet gemist mogen worden, zijn het **Kampa Museum**, met een grote collectie moderne Tsjechische kunst; het **Mucha Museum**, gewijd aan de bekende art-nouveaukunstenaar (□ pp. 128-129); het **Kubisme Museum** in het bijzondere gebouw genaamd 'de Zwarte Madonna'; het **Musaion** voor een overzicht van de Tsjechische volkskunst.

Ga uit

Bezoek een van de vele theatervoorstellingen of bekijk een film in een van de oude bioscopen die Praag te bieden heeft. Maak een tocht langs de talrijke cafés in de wijk Žižkov, geniet van livemuziek in één van de jazzclubs, en dans tot in de vroege uurtjes.

Staar over de Vltava

Wandel langs de oever van de rivier die Praag van noord tot zuid doorkruist en bewonder het uitzicht. Wie vanaf de rechteroever over de Vltava uitkijkt, kan genieten van het zicht op Kampa-eiland en de burcht, die 's avonds verlicht wordt. De Tsjechische componist Bedřich Smetana wijdde een deel van zijn compositie *Má vlast* ('Mijn land') aan deze rivier; de melodie van het symfonische gedicht volgt de stroom van de rivier.

2

De kasteelburcht en haar wijk

Er was eens... een legende over een vrouw genaamd Libuše, de dochter van de eerste stam die het latere Praag bewoonde. Libuše werd na de dood van haar vader en haar broer aangewezen als stamhoofd. Aangezien sommige leden geen vrouw aan het hoofd wilden, was Libuše genoodzaakt op zoek te gaan naar een geschikte echtgenoot, een sterke en doortastende man die aan haar zijde kon staan. Een geschikte kandidaat voor deze positie bleek de eenvoudige landbouwer Přemysl. Přemysl trouwde met Libuše en werd zo de voorvader van het Přemysliden-geslacht: een dynastie die tot aan de 14de eeuw de macht zou uitoefenen over het land dat wij nu kennen als de Tsjechische Republiek. Deze nieuwe staat had echter wel een politiek centrum nodig en volgens de legende wendde Libuše haar profetische krachten aan om een geschikte plek te vinden. Eenmaal in trance kreeg zij een visioen van een bergkam boven een rivier. De goden fluisterden haar in dat hier een stad zou herrijzen. Het echtpaar stuurde een aantal mensen naar de aangewezen plek; daar aangekomen troffen zij een man aan die een houten dorpel aan het bewerken was. Er werd besloten op deze plek een kasteel te bouwen, dat vernoemd zou worden naar het Tsjechische woord voor dorpel: *práh*. Het was het jaar 870, en Praha zou uiteindelijk de naam worden van de stad die zich in de loop der tijd aan de voet van de bergkam zou ontwikkelen.

▲ *Zicht op de kasteelburcht vanaf het centrum van Praag*
◄ *Het hek rondom de eerste binnenplaats van de kasteelburcht*

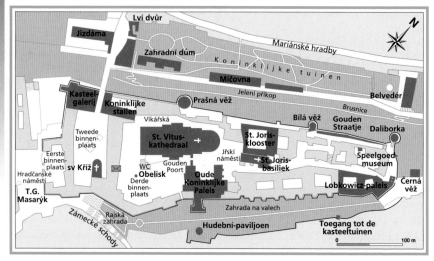

Hradčany

Wijk van de hrad

Over het ontstaan van Praag bestaan verschillende verhalen, het ene nog sprookjesachtiger dan het andere. Eén ding is zeker: het ontstaan van de stad is onlosmakelijk verbonden met het verrijzen van de burcht. Het is dan ook niet meer dan logisch om een gids over Praag te beginnen met een hoofdstuk over de wijk van de *hrad*: Hradčany.

Het middelpunt van de wijk Hradčany, aan de westelijke oever van de Vltava, wordt gevormd door het kasteel: Pražský hrad. Het enorme complex is vanaf vrijwel elk punt in het centrum te zien, en vooral 's avonds, zorgvuldig verlicht, biedt het een adembenemend plaatje dat nooit verveelt. De rest van deze wijk lijkt ondergeschikt aan het enorme complex; behalve enkele restaurants en een handvol andere bezienswaardigheden staat Hradčany geheel in het teken van het kasteel op de 'Heuvel der Goden', een benaming die haar oorsprong vindt in de legende van Libuše.

BURCHT

Alleen al met de beschrijving van de burcht (Pražský hrad) en haar geschiedenis kun je met gemak een hele reisgids vullen. Het is een van de grootste kastelen ter wereld, een kleine stad op zichzelf met een oppervlakte van 7,5 ha. De geschiedenis van het complex kan herleid worden tot de 9de eeuw. In 870 werd er een kerk gebouwd die nu allang niet meer bestaat; deze kerk was het eerste ommuurde gebouw van de burcht. Bořivoj van het Přemysliden-geslacht was weliswaar de eerste stichter van de burcht, maar het was onder de handen van koning Václav I, 'de heilige Wenceslas' die in het jaar 921 aan de macht kwam, dat Pražský hrad echt vorm kreeg. Het complex beslaat 1000 jaar geschiedenis en dat is te zien aan de verschillende stijlen die naast elkaar bestaan: romaanse, gotische en classicistische architectuur wisselen elkaar af.

🛈 BURCHT, www.kulturanahrade.cz, www.hrad.cz. Geopend: nov.–mrt. dag. 6–23, apr.–okt. dag. 9–24 uur. Wie de verschillende gebouwen op de burcht uitgebreid wil bezoeken, kan het beste een voordelig totaalticket kopen; een bijkomend voordeel is dat dit toegangsbewijs twee achtereenvolgende dagen geldig is. Tickets zijn te koop bij het informatiecentrum op de derde binnenplaats.

De 'Strijd der Giganten'

voor Pistek. De ontwerper is een persoonlijke vriend van oud-president Václav Havel, die na zijn aantreden in 1989 Pistek vroeg om de uniformen voor de wachters te ontwerpen. Het wisselen van de wacht gebeurt elk uur en is een vrij sobere aangelegenheid, maar dagelijks om 12 uur 's middags wordt er een wat uitgebreidere parade gehouden, onder begeleiding van livemuziek.

Vanuit de eerste binnenplaats bereik je de tweede binnenplaats door onder de barokke **Matthiaspoort** (Matyášova brána) door te lopen; in de passage, aan de linkerzijde, is de monumentale trap zichtbaar die toegang biedt tot de presidentiële werkvertrekken in de zuidvleugel, en de **Spaanse hal** (Španělský sál) in de noordvleugel. Helaas zijn deze ruimten zelden te bezichtigen door het publiek, al is de Spaanse hal af en toe open wanneer er concerten worden gegeven; het is zeker de moeite waard om van deze zeldzame gelegenheden gebruik te maken, al is het maar om de mooie 19de-eeuwse kandelaars en spiegels waarmee de ruimte gedecoreerd is, te bewonderen.

Eerste binnenplaats

De burcht is opgebouwd uit verschillende binnenplaatsen. De eerste binnenplaats (první nádvoří) is bereikbaar via de hoofdingang aan **Hradčanské náměstí**, waar ook het bronzen standbeeld van T. G. Masaryk (1850–1937) staat; van 1918 tot 1935 was hij de eerste president van het vrije Tsjecho-Slowakije (□ p. 26). Op zijn geboorte- en sterfdag worden tot op de dag van vandaag nog bloemen gelegd op de traptreden onder het standbeeld.

De toegangspoort van Pražský hrad wordt sinds 1768 aan beide kanten geflankeerd door de imposante beelden van Ignaz Platzer, die de Strijd der Giganten verbeelden. Ook staan er altijd wachters, in de frisse blauwgrijze uniformen die zij aangemeten kregen door Theodor Pistek, kostuumontwerper van de film *Amadeus* (1984), geregisseerd door de bekende Miloš Forman (□ p. 157). Eén van de acht Oscars die *Amadeus* in de wacht sleepte, was bestemd

Tweede binnenplaats

In het midden van de tweede binnenplaats (druhé nádvoří) staat de **Kohlova kašna**, een mooie barokke stenen fontein. De kapel van het Heilige Crucifix, aan de rechterzijde op de binnenplaats, biedt nu plaats aan een ticketbureau voor rondleidingen en concerten. Links van de binnenplaats is de **kasteelgalerij** (Obrazárna

Pražského hradu), waar schilderijen uit de renaissance en barok tentoongesteld worden. Deze doeken, van onder andere Tintoretto, Rubens en Titiaan, zijn afkomstig uit de collectie van de Habsburgse koning Rudolf II (1576–1612), al is het slechts een fractie van wat de totale collectie ooit omvatte. Veel werken zijn in het verleden verkocht of geroofd. Het bekende maniëristische schilderij *Vertumnus* van de Italiaan Giuseppe Arcimboldo hangt er gelukkig nog wel. Dit portret van Rudolf II (zie p. 21) vormt het hoogtepunt van de collectie; het is geheel opgebouwd uit fruit en groente. Arcimboldo was één van de hofschilders tijdens Rudolfs regeerperiode. Tegenover de galerij liggen de **koninklij-** **ke stallen** (Císařská konírna), die nu gebruikt worden voor wisselende exposities.

St. Vitus-kathedraal

Wie door de passage naar de derde binnenplaats loopt, stuit direct op de meer dan imposante St. Vitus-kathedraal (Katedrála sv Víta). Hoewel de krappe binnenplaats en de talloze bezoekers nauwelijks de gelegenheid bieden het bouwwerk helemaal goed in je op te nemen, kun je niet anders dan ademloos naar boven staren. De St. Vitus kent een geschiedenis van bijna zes eeuwen, beginnend bij de bouw van de oostzijde halverwege de 14de eeuw tot de uiteindelijke voltooiing in 1929, 1000 jaar na de dood van de 'goede koning' Václav I, de beschermheilige van Bohemen die in een eigen kapel geëerd wordt. Tot 926 stond er op de plek van de kathedraal een romaanse *rotunda*, een rond gebouw met een koepeldak, die in de 14de eeuw in opdracht van Karel IV werd vervangen door wat 'de grootste kathedraal van Europa' moest worden. De eerste steen werd in 1344 gelegd en de Fransman Matthieu d'Arras werd aangesteld als bouwheer; hij begon de bouw van de kathedraal in de stijl van de Franse gotiek. Karel IV was tijdens een van zijn reizen onder de indruk geraakt van de Franse bouwstijl en koos daarom voor een Fransman.

Na de dood van d'Arras, amper tien jaar na aanvang van de bouw, werd hij opgevolgd door de Duitse Peter Parler, die eveneens verantwoordelijk was voor de Karelsbrug en de Týn-kerk. De bouw werd voortgezet in Duits-gotische stijl (*Sondergotik*), die gekenmerkt wordt door flamboyante, vloeiende details en het toepassen van de *Hallekirche*: een kerkinterieur waarbij de zijgangen even hoog zijn als het schip (het middengedeelte), en verlicht worden door immens hoge ramen. De St. Barbara-kathedraal in Kutná

WIE IS DE BAAS OVER ST. VITUS?

Het afgelopen decennium was er in de Tsjechische Republiek een felle discussie gaande over de beroemde St. Vitus-kathedraal: behoorde de kathedraal nu eigenlijk toe aan de kerk of aan de staat?

Sinds 1918 is de St. Vitus officieel de zetel van de Tsjechische (tot 1993: Tsjecho-Slowaakse) president. Ten tijde van het stalinisme, in de jaren vijftig, werd de kathedraal staatsbezit, maar het eigendomsrecht van de katholieke kerk was door de communisten nooit officieel afgeschaft, zo oordeelde een rechter in 2005 na een proces dat maar liefst dertien jaar had geduurd. Een jaar later werd dit oordeel bevestigd en werd St. Vitus officieel teruggegeven aan de katholieke kerk, waarna maatregelen werden genomen om de toegangsprijzen te verhogen.

In februari 2007 achtte het Hooggerechtshof het oordeel echter onjuist, en verwees de zaak terug naar de rechtbank, waarna het juridische getouwtrek opnieuw begon. Ruim een halfjaar later werd besloten dat de staat toch eigenaar zou blijven van St. Vitus; een besluit waarmee de katholieke kerk een van 'haar' belangrijkste monumenten ter wereld wederom verloor.

De zeer imposante St. Vitus-kathedraal

renoveren. Opvallend is dat de invloed van de barok, een stijl die toch zeer kenmerkend is voor Praag, beperkt blijft tot het bovenste gedeelte van de grote zuidelijke toren. Aan het einde van de 19de eeuw, een periode van opkomend nationalisme, werd de kathedraal langzaamaan voltooid, grotendeels op basis van Peter Parlers originele ontwerpen. Met de afronding van het middenschip in 1929 was de St. Vitus eindelijk voltooid.

De westelijke zijde van de kathedraal, die later werd gebouwd, laat zien dat er hier sprake is van neogotiek, in tegenstelling tot de oorspronkelijk gotische oostelijke zijde van het gebouw. Het ontdekken van de verschillen wordt bemoeilijkt doordat de gevel in z'n geheel te lijden heeft gehad onder de weersomstandigheden, maar wie er oog voor heeft, kan zien dat de decoraties aan westelijke zijde minder verfijnd zijn dan aan oostelijke zijde, en dat op veel plekken ook sprake is van een verschil in steenkleur.

Hora (zie p. 155) is in dezelfde stijl geconstrueerd.

Toen Parler in 1399 overleed, werd het werk in de daarop volgende eeuwen door verschillende architecten voortgezet, al lag de bouw door de oorlogen die in en rond Praag werden uitgevochten, soms voor lange tijd stil. De duur van de bouw en de afwisseling van bouwmeesters verklaren het eclectische karakter van de St. Vitus-kathedraal: behalve de gotische stijl uit de begintijd en de laat-gotische elementen uit de 15de eeuw is bijvoorbeeld ook de invloed van het (Weense) classicisme terug te vinden. Verantwoordelijk hiervoor was keizerin Maria Theresia, die in 1753 niet alleen de kathedraal, maar ook de burcht in haar geheel grondig liet

Interieur

Voor het bezichtigen van de kathedraal kun je een hele middag uittrekken; er is zoveel te ontdekken dat de echte liefhebbers er goed aan doen een tweede keer terug te komen. Tijdens de 'neogotische renovatie' halverwege de 19de eeuw werd het interieur grotendeels ontdaan van de barokke elementen die eerder aangebracht waren, vandaar dat de kathedraal ook van binnen gotisch aandoet.

Het schip is lang en smal en leidt de blik direct naar het altaar, dat straalt in het

Een van de fraaie glas-in-loodramen van de kathedraal

kowicz-paleis en in het kasteel van Karlštejn, 30 km ten zuiden van Praag (zie pp. 157-158). De aandacht wordt ook getrokken door de talrijke **glas-in-loodramen**, die in de loop der tijd door verschillende kunstenaars zijn gemaakt. Eén ervan is van de hand van de Jugendstilkunstenaar Alphonse Mucha (□ pp. 128-129), in de derde kapel aan noordelijke zijde. Deze bijdrage werd destijds gefinancierd door Banka Slavie. Een ander mooi raam, boven de westingang, is dat van František Kylesa uit 1921, dat de schepping van de aarde voorstelt.

Aan beide kanten van het hoogaltaar staan grote, houten reliëfwerken uit de 17de eeuw. Zij stellen de vlucht van 'winterkoning' Frederik v voor, die de stad verliet na de nederlaag bij Bílá Hora in 1620. De weergaven van Staré Město en Malá Strana in deze reliëfwerken vormen interessante tijdsdocumenten.

Achter een van deze reliëfs, aan de rechterzijde van het hoogaltaar, zie je een mooie, met zilver bewerkte graftombe. Deze behoort toe aan Jan Nepomucký, de martelaar wiens standbeeld nu op de Karelsbrug prijkt (zie p. 81).

licht dat door de hoge glas-in-loodramen naar binnen valt.

Er zijn maar liefst 22 zijkapellen, elk met een eigen verhaal. Het meest in het oog springt de **kapel van St. Václav i**, bij de zuidelijke deur. De muren zijn rijkelijk gedecoreerd met gotische muurschilderingen en ingezette stenen. Hier geeft een trap toegang tot de **schatkamer** van de kathedraal, waar de gouden kroon van Václav i (of St. Wenceslas) zich bevindt, die voorzien is van een paar van de grootste saffieren ter wereld. De deur naar deze kamer, die sinds 1867 voor het publiek gesloten is, wordt vergrendeld door zeven verschillende sloten, waarvan de sleutels bewaard worden door zeven verschillende mensen, onder wie de president van de Tsjechische Republiek. Kopieën van de kroon zijn te zien in het nabijgelegen Lob-

Derde binnenplaats

Wie de kathedraal verlaat en verder de derde binnenplaats (třetí nádvoří) verkent, stuit op de granieten **obelisk**, een eerbetoon aan de slachtoffers van de Eerste Wereldoorlog van de hand van de Sloveense architect Jože Plečnik en het bronzen standbeeld van St. Joris die een draak verslaat. Links vind je de **Gouden Poort** (Zlatá Brána), eveneens van de hand van

Op de tweede binnenplaats staat een moderne obelisk.

Peter Parler, gedecoreerd met een 14de-eeuws mozaïek van het Laatste Oordeel. Aan de rechterkant, naast de trap die toegang biedt tot de Koninklijke Tuin op het zuiden, ligt het **Oude Koninklijke Paleis** (Starý královský palăc): een verzameling koninklijke appartementen die van de 11de tot de 16de eeuw op en naast elkaar werden gebouwd. In de kelder huist een permanente expositie over het dagelijks leven in het paleis. De **Vladislav-hal** (Vladislavský sál) op de begane grond is zeker de moeite van het bezichtigen waard: late gotiek en vroege renaissance ontmoeten elkaar in deze ruimte. Hier werd Václav Havel in 1990 beëdigd als eerste democratisch gekozen president sinds 1948 en sindsdien wordt hier bij elke nieuwe ambtstermijn een president gekozen door het nationaal parlement. Boven de Vladislav-hal ligt de Ludvik-vleugel; het decor van de Tweede Praagse Defenestratie (📖 p. 19).

St. Joris-plein

Na het verlaten van het Oude Koninklijke Paleis, kom je op het St. Joris-plein (Jřskí náměstí), dat toegang biedt tot het **St. Joris-klooster** (Jiřský klášter), uit 973. Het klooster herbergt een helaas weinig imposante collectie kunstwerken, met name barokke en rudolfine kunst. Laatstgenoemde benaming refereert aan koning Rudolf II (1552–1612), een groot kunstliefhebber en beschermheer van kunstenaars. Het is niet zozeer een stroming, maar meer een verzamelnaam voor verschillende kunstenaars uit de barok en late renaissance die door Rudolf II onder zijn hoede werden genomen.

Gouden Straatje

Rechtdoor lopend kom je vanzelf uit op het Gouden Straatje (Zlatá ulička), na de St. Vitus-kathedraal waarschijnlijk de drukst bezochte plek van de hele burcht. Er zijn verschillende verklaringen voor de naam van het straatje. Sommigen zeggen dat die is geïnspireerd op de alchemisten die hier in de 16de eeuw woonden, en die gewone metalen in goud probeerden om te zetten. Anderen beweren dat de naam verwijst naar het feit dat in een nabijgelegen toren gestationeerde soldaten het straatje als openbaar urinoir gebruikten. Hoewel het nauwe Gouden Straatje een echte *tourist trap* is (men dient entree te betalen om het te betreden en er zwermen altijd grote groepen toeristen), mag het eigenlijk niet overgeslagen worden. Het is raadzaam om 's ochtends vroeg te gaan, om een betere indruk te krijgen van de kleine, felgekleurde huisjes waarin nu kleine winkeltjes zijn gevestigd. Vooral nummer 22 is populair: in 1917 woonde de bekende schrijver Franz Kafka hier korte tijd. Zijn zuster Ottla was eigenaar van het huisje en het gerucht gaat dat Kafka's roman *Das Schloss* (*Het Kasteel*) hier is ontstaan.

In de buurt van het Gouden Straatje be-

FRANZ KAFKA: DE BEROEMDSTE TSJECH ALLER TIJDEN

'Toen Gregor Samsa op een morgen uit onrustige dromen ontwaakte, ontdekte hij dat hij in zijn bed in een monsterachtig ongedierte was veranderd. Hij lag op zijn hardgepantserde rug en zag, als hij zijn hoofd enigszins optilde, zijn gewelfde bruine, door boogvormige geledingen verdeelde buik, waarop de deken, op het punt omlaag te glijden, nauwelijks houvast kon vinden. Al zijn, in vergelijking met zijn overige omvang, zielige dunne pootjes flikkerden hulpeloos voor zijn ogen.'
(Franz Kafka, *De Gedaanteverwisseling*)

Deze zinnen, behorende tot de beroemdste openingszinnen uit de 20ste-eeuwse literatuur, leiden het verhaal in over een man die op een ochtend blijkt te zijn veranderd in een reusachtig insect. Niet langer in staat om te werken wordt Samsa door zijn familie in zijn kamer verborgen gehouden, en terwijl zijn ouders en zuster zich van hem vervreemden en uiteindelijk besluiten zich van 'het ding' te ontdoen, worstelt Samsa met de vraag waarom dit hem overkomen is.

Die Verwandlung (*De Gedaanteverwisseling*), verschenen in 1916, is waarschijnlijk het be-

Een portret van de bekende schrijver op jonge leeftijd

roemdste verhaal dat Franz Kafka (1883–1924) heeft geschreven. De novelle, over een man wiens leven op een dag rigoureus veranderd is, draait om vervreemding, de worsteling met een dominante vader en existentiële levensvragen. Allemaal elementen die ook in Kafka's eigen leven een grote rol speelden. Niet alleen zijn verhalen waren moeilijk te doorgronden; Franz Kafka was zelf ook in het bezit van een complexe persoonlijkheid.

vindt zich nog het **Speelgoedmuseum** (Muzeum hraček). Hier wordt de privécollectie van Ivan Steiger, een Duits-Tsjechische cartoonist, getoond. Het museum is helaas minder speels dan de naam doet vermoeden, en er valt voor kinderen niet veel aan te ontdekken.

🛈 SPEELGOEDMUSEUM. Geopend: dag. 9.30–17.30 uur.

Het **Lobkowicz-paleis** (Lobkovický palác), aan de overzijde van het Speelgoedmuseum, is vooral de moeite waard vanwege de kopieën van de Boheemse kroonjuwelen die op de bovenverdieping tentoongesteld worden. In de 'Hussietenkamer', eveneens boven, staat een voormalig altaarstuk van de Bethlehem-kapel (zie p. 91); een houtsnede die het Laatste Avondmaal voorstelt. De zes kamers op de benedenverdieping tonen objecten uit de periode tussen 1620 en 1848, waaronder het zwaard van de bekendste beul van Praag: Jan Mydlář. Mydlář stond erom bekend dat hij iemand met slechts één armzwaai kon onthoofden, en deze gave paste hij dan ook toe tijdens de executie van 27 protestantse leiders na de veldslag van Bílá Hora (📖 p. 22).

🛈 LOBKOWICZ-PALEIS, www.nm.cz. Geopend: di.–zo. 9–17 uur.

In het dagelijks leven leidde hij een onzichtbaar bestaan achter een bureau, evenals Gregor Samsa, en evenals Josef K., de hoofdpersoon uit *Der Prozess* die op een dag gearresteerd wordt voor een onbekende misdaad, en wanhopige pogingen doet de waarheid te ontdekken in een bureaucratisch doolhof. 's Nachts schreef Kafka korte verhalen, novelles en romans, waarvan de meeste pas na zijn dood werden gepubliceerd.

Het leven van de schrijver was nauw verbonden met de stad waarin hij was geboren en getogen, Praag speelt in veel van Kafka's verhalen dan ook een rol. Zijn nimmer voltooide roman *Das Schloss* ('Het Kasteel') uit 1922 zou direct gebaseerd zijn op de Praagse burcht.

Franz Kafka werd geboren in een pand op de hoek van Maiselova en Kaprova, in de wijk Josefov, en groeide op in het Joodse getto dat hij omschreef als een gevangeniscel en een burcht. Kafka had een haat-liefdeverhouding met Praag; hij noemde de stad een 'kleine moeder met klauwen'. Hij was een Jood tussen de niet-Joden, een agnost tussen de gelovigen en een Duitssprekende tussen de Tsjechen, al was hij daarin niet de enige in zijn tijd. Maar in 41 jaar zou hij de stad zelden verlaten; weggaan uit Praag zou 'de ergste ramp zijn' die hem zou kunnen overkomen.

Kort na zijn dood werden Kafka's werken, zowel in het Duits als in het Tsjechisch, gepubliceerd, maar de bezetting door de nazi's betekende een boycot van zijn werk. Tot lang na het einde van de Tweede Wereldoorlog werden Franz Kafka en zijn werk zo goed als genegeerd door de Tsjechen; hij behoorde tot een vrijwel uitgestorven groep van Duits-Tsjechische auteurs. Daarbij paste de bittere kritiek op de bureaucratie die hij in zijn boeken tentoonspreidde absoluut niet in het straatje van de communistische regering die vanaf 1948 de macht had. Pas in 1962 werd de stilte rondom Kafka officieel opgeheven, door de Tsjechische Schrijvers Unie. Hoewel het dus lang heeft geduurd voordat de Tsjechen Kafka de eer bewezen die hij buiten het land allang kreeg, ziet het ernaar uit dat Praag zijn beroemdste zoon definitief in de armen heeft gesloten. Anno nu kun je in Praag rondlopen in een Franz Kafka-T-shirt, koffiedrinken bij het Franz Kafka Café en een bezoek brengen aan het Franz Kafka Museum. En de boeken van Kafka, die in tientallen vertalingen verkrijgbaar zijn, liggen overal in de winkels. Kafka heeft het zelfs tot bijvoeglijk naamwoord geschopt; in verschillende talen wordt de term 'kafkaësk' gehanteerd als het gaat om vervreemdende situaties of bureaucratische nachtmerries.

Vrijwel alle titels van Franz Kafka zijn in het Nederlands verkrijgbaar.

Kasteeltuinen

Wie de burcht bezoekt, mag zeker de kasteeltuinen niet overslaan. Zij zijn alleen toegankelijk tussen april en oktober. Met name de zuidelijke tuinen (**Jižní zahrada**) bieden een schitterend uitzicht over de stad. De koninklijke tuinen (**Královská zahrada**) kijken uit op de St. Vitus-kathedraal en de bruggen over de Vltava. Aan het einde grenzen de tuinen aan een gebouw dat bekendstaat als **Belvedér**, een mooi zomerhuis dat door Ferdinand I gebouwd werd voor zijn vrouw Anne, die de voltooiing ervan helaas niet mocht meemaken. Dit gebouw is vrijwel het hele jaar geopend en wordt nu gebruikt als galerie.

ⓘ BELVEDÉR. Geopend: di.–zo. 10–18 uur.

RONDOM HET KASTEEL

Bílek-villa

Behalve het omvangrijke kastelencomplex kent Hradčany nog enkele andere plekken die zeker de moeite waard zijn. Als je vanaf Malostranská tram 22 of 23 naar het kasteel neemt (alleen al de moeite waard vanwege het fenomenale uitzicht over de stad, op weg naar boven), kom je op een gegeven moment langs de goed verscholen Bílek-villa (Bílkova vila). Dit bijzonde-

Prachtige kasteeltuinen

nedenverdieping wordt in beslag genomen door werken van de kunstenaar: grote sculpturen, gesneden uit hout, sommige uitgewerkt in brons. Sommige van Bíleks werken maken diepe indruk, zoals het imposante *Adam a Eva* (1921) of de kleine houtsnede die een portret van zijn moeder voorstelt. Op de bovenverdieping hangen tekeningen en staan maquettes van Bíleks nimmer voltooide nationale monument voor Bílá Hora (□ p. 22). Let bij het bezoeken van de villa even op de bijzondere sculptuur aan de voorzijde van het huis, die een vluchtende Jan Amos Komenský (□ p. 58) met volgelingen voorstelt. In 2008 en 2009 wordt de villa aan een grondige renovatie onderworpen; ook de woeste tuin wordt onder handen genomen.

ⓘ BÍLEK-VILLA, Mickiewiczowa 1, tel. (420) 224 322 021, www.ghmp.cz. Geopend: di.–zo. 10–17 uur.

re gebouw werd in 1911 gebouwd door de Tsjechische beeldhouwer František Bílek (1872–1941), bedoeld als woonhuis en studio. Het huis is voor een groot deel te bezichtigen: op de bovenverdieping staan nog de oorpronkelijke meubels die Bílek en zijn vrouw gebruikten toen ze er woonden. De be-

František Bílek was niet alleen beeldhouwer, maar maakte ook gravures.

Paleizen aan Hradčansky-plein

Wie het kastelencomplex na bezichtiging via de hoofdingang verlaat, passeert weer Hradčanské náměstí, het plein waar T. G. Masarýk de wacht houdt. Aan dit plein ligt het **Schwarzenberg-paleis** (Schwarzenberský palác), gebouwd in de 16de eeuw en een van de eerste in renaissancestijl gebouwde paleizen van Praag. Het was eigendom van de machtige familie Lobkowicz, die onder andere ook het Lobkowicz-paleis bezat (zie p. 48).

In het Schwarzenberg-paleis vind je het **Museum van Militaire Historie** (Vojenské historické muzeum), dat tijdens de bezetting in de Tweede Wereldoorlog door de nazi's werd opgericht. De collectie toont wapenuitrustingen en uniformen uit de geschiedenis van Bohemen en Moravië, tot aan 1918. De bijzondere gevel van het gebouw is bewerkt met een techniek die sgraffito wordt genoemd: na het laag over laag aanbrengen van verschillende kleuren pleisterwerk worden er patronen in de steen gekrast, waardoor de suggestie van diepte ontstaat. Deze techniek kent haar oorsprong in de 13de eeuw, maar was vooral in het Italië van de 16de eeuw erg populair en werd veel toegepast in renaissancistische bouwkunst. Het Schwarzenberg-paleis onderging een grondige renovatie in de jaren vijftig; het interieur werd in 2001 opgeknapt.

ⓘ MUSEUM VAN MILITAIRE HISTORIE, Hradčanské náměstí 2, tel. (420) 220 202 020, www.military-museum.cz (alleen in het Tsjechisch). Geopend: mei–okt. di.–zo. 10–17.30 uur.

Naast het Schwarzenberg-paleis staat het **Salmovský-paleis** (Salmovský palác), met een vergelijkbaar uiterlijk, dat tot 1970 fungeerde als ambassade van Zweden. Hierna werd het door de communisten gesloten en danig verwaarloosd. Bij het ter perse gaan van deze gids werd het paleis gerenoveerd om gebruikt te kunnen worden als galerie.

Aan de overzijde van het plein staat het **aartsbisschoppelijk paleis** (Arcibiskupský palác). Nadat de katholieken in de 17de eeuw de overhand kregen in Praag, nam de aartsbisschop hier zijn intrek. Het oorspronkelijk renaissancistische gebouw kreeg zijn barokke kenmerken tijdens een renovatie in 1669; in de 18de eeuw werd het nog met een rococosausje overgoten.

Het paleis heeft een portretgalerij met portretten van alle aartsbisschoppen van Praag en een collectie tapisserieën die

voor liefhebbers van toegepaste kunst zeker een aanbeveling verdient.

Achter dit paleis, iets verder van het plein, staat het 18de-eeuwse **Šternberg-paleis** (Šternberský palác). Hier vind je de collectie oude Europese kunst van de Národní-galerie: werken uit de 14de tot de 18de eeuw. Op de benedenverdieping vind je voornamelijk religieuze kunst, waaronder een serie miniatuurdrieluiken die zeker het bekijken waard is, en een verzameling Vlaamse kunst. Op de bovenverdieping hangt een altaarstuk van de Duitse Albrecht Dürer getiteld *Das Rosenkrantzfest* (1506). Dit was een van de dierbaarste bezittingen van Rudolf II, die een groot bewonderaar van Albrecht Dürer was. Na aanschaf was de koning zo bezorgd over het vervoer van het altaarstuk van Italië naar Praag, dat hij het te voet over de Al-

SANDALEN EN SOKKEN

Veertig jaar communisme heeft het stijlgevoel van de Tsjechen weinig goeds gedaan, maar de schade is sinds de Fluwelen Revolutie ruimschoots ingehaald. Maar sommige gewoontes zijn kennelijk slecht af te leren. Dit geldt vooral voor veel Tsjechische mannen van middelbare leeftijd; zij lijken nog steeds ongeneeslijk verknocht aan een specifieke dracht waarvoor men in andere landen vaak de neus ophaalt: de sandaal. Ongeacht het seizoen of de weersomstandigheden: de sandalen worden dag in dag uit gedragen, bij voorkeur met sokken, en ook 's winters. Het betreft hier niet slechts een vrijetijdsdracht, het schoeisel wordt moeiteloos gecombineerd met pak en aktetas. Kijk als je in Praag op straat loopt of met de tram reist maar eens goed om je heen.

Wat schoenen betreft rest er nog een waarschuwing voor wie bij een Tsjech over de vloer komt: het is in Tsjechië gebruikelijk om voor het betreden van de woning de schoenen uit te doen, sandaal of geen sandaal.

De Loreto-kathedraal

pen liet brengen; hij durfde het niet op andere wijze te laten vervoeren uit angst voor beschadiging. Verder zijn op deze verdieping nog werken te vinden van Rembrandt, Pieter Paul Rubens en El Greco.

ⓘ STERNBERG-PALEIS, Hradčanské náměstí 15, www.ngprague.cz. Geopend: di.–zo. 10–18 uur.

Loreto en Černínský-paleis

Vanaf Hradčanské náměstí westwaarts, richting de heuveltop, kom je uit bij Loreto. Dit is waarschijnlijk een van de meest barokke gebouwen die Praag te bieden heeft. De gevel is het werk van de Dientzenhofer-familie, die ook de beide St. Nicolaas-kerken op hun naam hebben staan´ (☐ p. 65). De bouw van het Loreto maakte deel uit van het plan om de bevolking van Praag weer enthousiast te maken voor het katholicisme, na de Dertigjarige Oorlog die in 1618 was uitgebroken tussen katholieken en protestanten. De kleine kapel kent een wonderbaarlijke geschiedenis: volgens de legende werd Santa Casa, Maria's onderkomen in Nazareth, door een

groep engelen overgevlogen naar het Italiaanse Loreto. Dit nieuws sloeg in als een bom en zorgde ervoor dat op verschillende plekken in Europa Loreto-kopieën verschenen. Alleen al in Tsjechië zouden er zo'n 50 te vinden zijn, waaronder deze. Binnen in de kapel vind je waarschijnlijk het grootste aantal cherubijnen van alle barokke gebouwen, evenals de skeletten van twee vrouwelijke heiligen en een mooi houten reliëfwerk.

ⓘ LORETO, Loretánské náměstí 7, tel. (420) 220 516 740. Geopend: za.–zo. 10–17 uur.

Tegenover Loreto ligt het **Černínský palác**, het grootste paleis van Praag dat helaas niet open is voor publiek. Het werd gebouwd in de tweede helft van de 17de eeuw, een onderneming waarvoor twee complete straten moesten wijken. Hier huist nu het ministerie van Buitenlandse Zaken. In 1948 vond hier de Derde Defenestratie van Praag plaats: Jan Masarýk, de zoon van T. G. Masarýk en toentertijd minister van Buitenlandse Zaken, viel zijn

Steil straatje in de omgeving van het kasteel

honderdduizenden titels herbergen. Deze collectie kan door bezoekers van een afstand bezichtigd worden. De Theologische zaal herbergt daarnaast ook een mooie verzameling oude globes.

De **Strahov-galerie** (Strahovská obrazárna) toont voornamelijk religieuze kunst. In de collectie van meer dan 1000 schilderijen en relikwieën is een aantal (al dan niet religieuze) pronkstukken uit de collectie van Rudolf II te vinden, waaronder een portret van de koning door hofschilder Hans von Aachen (1552–1615).

Het **Miniatuurmuseum** maakt zijn naam waar: hier zijn zo'n 40 miniaturen te zien van de Rus Anatoly Konyenko, bekend als maker van het kleinste boek ter wereld. De collectie miniaturen toont een aantal buitenissige objecten, zoals een stoet dieren die letterlijk door het oog van een naald kruipen.

STRAHOV-KLOOSTER, Strahovské nádvoří, tel. (420) 233 107 749, www.strahovskyklaster.cz. Geopend: dag. 9–12 en 13–17 uur.

dood tegemoet vanuit een raam op de bovenste verdieping. Men is er nooit achter gekomen of het moord of zelfmoord was.

Strahov-klooster

Het Strahov-klooster (Strahovský klášter) ligt iets verder weg, ten westen van Loreto. Deze bezienswaardigheid mag zeker niet overgeslagen worden; het is zowel van buiten als van binnen bijzonder de moeite waard. De orde van de norbertijnen vestigde zich hier in 1140, en hun strikte leefwijze van stille contemplatie is nu nog bijna voelbaar voor de bezoeker. De monniken keerden in 1990 terug om het klooster op te eisen nadat de communisten het van hen hadden afgenomen. Het Strahov-klooster is vooral de moeite waard vanwege de bibliotheken: de Filosofische zaal en de Theologische zaal, die samen werkelijk

De kleine, steile straten aan de voet van het kasteel leiden vanzelf naar de wijk Malá Strana. Hoewel ook dit uiteraard een vrij toeristisch gebied is, loont het de moeite om af en toe een zijweg in te slaan en opeens in opmerkelijke rust de omgeving te verkennen. Dit deel van Hradčany ziet er goed uit. Veel huizen zijn recentelijk gerenoveerd, de gevels zijn in frisse pastelkleuren geschilderd. Sommige van deze kleine, relatief lage panden bieden plaats aan intieme hotels, en hier en daar authentieke Tsjechische eetgelegenheden.

MODERNE ARCHITECTUUR IN PRAAG

Wie zich wil laven aan klassieke architectuur hoeft in Praag vaak niet meer dan een paar honderd meter te lopen. In de hele stad vind je gotische kerken, renaissancepaleizen, barokke kapellen en neoclassicistische museum- of theatergebouwen. Wie specifiek op zoek is naar moderne architectuur, komt in de stad echter ook prima aan zijn trekken; het is alleen wat meer zoekwerk. Vier hoogtepunten (en één dieptepunt) uit bijna een eeuw moderne architectuur in Praag:

Het Huis bij de Zwarte Madonna
Ovocný trh 19, Nové Město (zie p. 119).
Het was de architect Josef Gočar die aan de wieg stond van de kubistische bouwkunst. Het kubisme was een Europese avant-gardestroming uit het begin van de 20ste eeuw; de Tsjechen waren de enigen die deze stijl doorvoerden in de toegepaste kunst (voornamelijk meubels en aardewerk), en later in de architectuur. Zoals het kubisme in de beeldende kunst de nadruk legde op het afbeelden van verschillende standpunten in één beeld, zo speelde ook de kubistische architectuur met het weergeven van ruimte. In de gevels van gebouwen lag sterk de nadruk op hoekige elementen en er werden prisma-achtige vormen aangebracht. Doordat architecten op vernieuwende wijze omgingen met het vormgeven van gevels, stak de kubistisch architectuur sterk af bij de klassieke bouwvormen die Praag kende. Ook het overvloedig gebruik van beton, een bouwmateriaal dat in die tijd erg nieuw was, was kenmerkend voor de werkwijze van kubistische architecten

Het Huis bij de Zwarte Madonna herbergt het Kubisme Museum, dat een goed beeld geeft van het kubisme in met name de toegepaste kunst.

Müller-villa
Nad Hradnim vodojemem 14, Střešovice.
De Müller-villa is het beste voorbeeld van de functionalistische architectuur die je in Praag kunt vinden. De villa werd ontworpen door Adolf Loos, één van de grote namen uit de zogeheten Klassieke Moderne Architectuur. Loos werkte zijn opvattingen over bouwkunst uit in een lezing genaamd 'Ornament en Misdaad': een titel die zijn filosofie goed weergeeft. De Müller-villa blinkt dan ook uit in eenvoud en soberheid: er is werkelijk geen enkel overbodig detail te vinden. Zelfs op het aantal ramen in de gevels is bezuinigd. Loos bepaalde ook het interieur van de villa, tot aan de deurknoppen aan toe. Het interieur wordt gekenmerkt door grote open ruimten, alles bijzonder strak uitgevoerd en afgewerkt. Veel wanden zijn met hout bekleed; de eetzaal heeft een prachtig gelakt houten plafond. Foto's van de villa zijn te zien op www.mullerovavilla.cz.

De Kerk van Het Meest Heilige Hart van Onze Heer
Náměstí Jiřího z Podébrad, Vinohrady (zie p. 132).
Deze modernistische kerk, ten oosten van het centrum, werd tussen 1928 en 1932 gebouwd door de architect Jože Plečnik. Hoewel deze kerk niet erg bekend is, is ze één van de meest bijzondere gebouwen in de

stad, en het interieur is al net zo opmerkelijk als de gevel, die kan worden omschreven als 'zwart met witte stippen'. Behalve de kleur van de gevel is ook de kerktoren opvallend: deze loopt over de gehele breedte van de kerk maar is smal, met een gigantische glazen klok erin verwerkt. Jože Plečnik was een Sloveense architect, een bekende modernist die tevens aan de wieg stond van het Tsjechische kubisme. Begin 1900 nam hij een deel van de renovatie van de kasteelburcht op zich, en tijdens het bewind van T. G. Masarýk werd hij aangesteld als dé nationale architect van Tsjecho-Slowakije. Het overgrote deel van Plečniks werken is te vinden in de Sloveense stad Ljubljana.

Het 'Dansende Huis' aan de oever van de Vltava

De Kerk van Het Meest Heilige Hart van Onze Heer is in gebruik en kan voor en na de mis worden bezocht.

Gebouw van Radio Free Europe
Legerova 75, Nové Město (zie p. 115).
Dit voormalige beursgebouw, nabij het Wenceslasplein en naast het Nationale Museum, is het schoolvoorbeeld van de 'communistische architectuur' uit de jaren vijftig en zestig. Het gebouw, waar nu het radiostation Radio Free Europe huist, is berucht om zijn lelijkheid; de gevel bestaat uit bronskleurig glas en het gebouw als geheel vloekt enorm met zijn omgeving.

'Dansende Huis' (Tančící Dům)
Resslova, Nové Město (zie p. 123).

Een bombardement in de Tweede Wereldoorlog liet een gapend gat achter op de hoek van de straat Resslova, aan de oever van de Vltava. De Tsjechische architect Vlado Milunić kreeg opdracht voor het ontwerp van een nieuw gebouw en werkte hiervoor samen met de bekende Canadese architect Frank Gehry, die ondere beroemd is vanwege zijn Guggenheim-museum in Bilbao. Milunić en Gehry kwamen samen tot het ontwerp voor het 'Dansende Huis', zoals het heet. Het gebouw valt op door de glazen gevel en de opvallende deuk in de hoek. Tančící Dům werd door sommigen bejubeld als een juweeltje van moderne architectuur, maar enkele critici bestempelden het als een 'gigantisch ingedeukt colablikje'.

3

De 'Kleine Zijde' aan de westoever

De steile straatjes ten zuiden van de burcht, van Pražský hrad, leiden je vanzelf naar de wijk Malá Strana, wat 'Kleine Zijde' betekent. In de 13de eeuw werden de oorspronkelijke bewoners uit de wijk verdreven om plaats te maken voor de talrijke handwerkslieden en kooplui die op uitnodiging van Otakar II uit Duitsland naar Praag verhuisden. Zij vestigden zich aan de voet van het kasteel, dat een grote afzetmarkt vormde voor hun goederen en diensten. In de loop van de 14de eeuw, onder het bewind van Karel IV, werd de wijk flink uitgebreid; onder andere werd er de nederzetting Újezd aan toegevoegd. In de middeleeuwen werd de wijk vervolgens zwaar geteisterd door branden, waardoor veel gebouwen herbouwd moesten worden gedurende de 17de en 18de eeuw. Dit verklaart het feit dat de wijk er niet zo heel oud uit ziet, terwijl ze toch het op één na oudste gedeelte van de stad Praag is.

WALLENSTEIN-PALEIS

Malá Strana kent veel mooie en bezienswaardige plekken. Het centrum van de wijk bevindt zich op het **Malostranské plein** (Malostranské náměstí), een knooppunt waar veel trams stoppen en waarvandaan de beroemde Karelsbrug te bereiken is. Ten noorden van dit plein, bij de metrohalte Malostranská, ligt het Wallensteinpaleis (Valdštenký palác) en de bijbehorende tuinen. De bouw van dit paleis startte in 1621, direct na het einde van de Dertigjarige Oorlog, in opdracht van Albrecht von Wallenstein, die in die oor-

Een portret van Albrecht von Wallenstein als Mars, god van de oorlog

log aanvoerder van het katholieke leger was geweest. Zo'n 26 huizen en een steenfabriek moesten wijken voor het enorme complex, dat helaas niet tot de mooiste barokke gebouwen van Praag behoort.
Het Tsjechische parlement zetelt in het Wallenstein-paleis, terwijl in de voormalige stallen het **Pedagogisch Museum** (Pedagogické muzeum J. A. Komenského v Praze) is ondergebracht, dat onder andere aandacht schenkt aan de invloedrijke pedagoog Jan Amos Komenský (1592–1670), in Nederland beter bekend als Jan Amos Comenius (☐ p. 58).

☉ PEDAGOGISCH MUSEUM, Valdštejnská 20, tel. (420) 257 533 455, www.pmjak.cz. Geopend: di.–za. 10–12.30 en 13–16.30 uur.

De **tuinen** van het paleis (Valdštejnská zahrada) zijn zowel vanuit het paleis als vanuit de uitgang van de metro te betre-

◀ *De Tsjechische vlag als monument ter nagedachtenis aan de Tweede Wereldoorlog*

JAN AMOS KOMENSKÝ

'Orbis Sensualium Pictus', het bekendste werk van Komenský

De Tsjechische theoloog, pedagoog en filosoof Jan Amos Komenský, beter bekend onder zijn Latijnse naam Jan Amos Comenius, werd in 1592 geboren in het Oost-Moravische dorp Nivnice, dat toen onderdeel was van het Boheemse koninkrijk. De familie Komenský was lid van de Boheemse Broederschap, een Hussitische organisatie die zuivering van de kerk nastreefde. Komenský studeerde theologie en filosofie in het Duitse Heidelberg en na terugkeer werd hij gewijd als geestelijke van de Broederschap. Hij was, zoals gebruikelijk in zijn tijd, een echte uomo universale. Behalve met zijn theologische en pedagogische praktijken hield hij zich ook bezig met filosofie, astronomie, muziek en geneeskunde.

Het uitbreken van de Dertigjarige Oorlog in 1618 betekende het begin van een erg moeilijke periode voor de protestanten in het koninkrijk. Na de overwinning van de katholieke Habsburgers werden zij op grote schaal vervolgd. Komenský ontvluchtte zijn land en kwam na een lange zwerftocht aan in Nederland, waar hij in 1656 asiel kreeg. Tot aan zijn dood, 14 jaar later, woonde hij in Amsterdam, waar hij verder werkte aan zijn oeuvre.

Zijn pedagogische werken genieten de meeste bekendheid. Komenský beschouwde de pedagogiek als een instrument ter 'verbetering van menselijke dingen'; een juiste opvoeding van de jeugd stond aan de basis van een betere wereld. Het onderwijssysteem dat hij in de 17de eeuw ontwikkelde, heeft de basis gevormd voor de theorieën van navolgers als Jean-Jacques Rousseau en Maria Montessori. Visueel onderwijs was een van zijn stokpaardjes. Komenský schreef na aankomst in Nederland een van zijn bekendste werken, *Orbis Sensualium Pictus* (*De zichtbare wereld in beeld*), een lijvig boek met plaatjes en begeleidende teksten in drie talen: Tsjechisch, Latijn en Duits. *Orbis Sensualium Pictus* kan worden beschouwd als de allereerste kinderencyclopedie. Zijn *Didactica magna* (*Grote onderwijsleer*), waar hij ruim tien jaar aan werkte, wordt tot op heden gezien als een mijlpaal in de didactiek. Dit boek, aanvankelijk geschreven in het Boheems, verscheen in 1657 in het Latijn.

Gedurende zijn laatste levensjaren in Amsterdam was Jan Amos Komenský lid van de Waalse kerk; hij werd na zijn dood dan ook begraven in de Waalse kerk te Naarden. Deze kerk werd in 1819 opgeheven en, eenmaal ernstig vervallen, in de 20ste eeuw door de Nederlandse regering gerestaureerd, waarna Tsjechische kunstenaars een mausoleum ontwierpen, voorzien van glazen panelen die scènes uit het leven van de pedagoog tonen.

Behalve het Pedagogisch Museum in de Praagse wijk Malá Strana wordt Jan Amos Komenský ook in Nederland geëerd; in het Comenius Museum in Naarden.

---

den. Het kan hier soms verrassend rustig zijn, en het is een fijne plek om even bij te komen, tussen de pauwen die in de keurig aangeharkte perkjes lopen. Een monumentale loggia is gedecoreerd met fresco's die de Dertigjarige Oorlog verbeelden.

ⓘ TUINEN. Geopend: apr.–okt. dag. 10–18 uur.

De voormalige rijschool van het paleis, de Valdštejnská jízdárna, is nu een **Národní Galerie** ('Nationale galerie'), waar wisselende tentoonstellingen zijn te zien.

ⓘ NÁRODNÍ GALERIE, Valdštejnská 3, tel. (420) 257 073 136, www.ngprague.cz. Geopend: di.–zo. 10–18 uur.

De straat Letenská

Wie met de tram terugkeert naar Malostranské náměstí, via Letenská, zal merken dat de doorgang aan de rechterzijde op een gegeven moment zo smal is, dat de tram rakelings langs de gevels rijdt. Verdwaalde voetgangers moeten een nis induiken om trams te laten passeren, en lopen daarnaast het gevaar beboet te worden door de stadspolitie, aangezien het officieel geen voetgangersgebied is. Aan Letenská, op nummer 12, vind je **U svatého Tomáše**, de oudste *pivnice* (pub) van Praag. In 1352 werd deze gesticht door augustijner monniken, die er eigenhandig een donker en nogal sterk bier brouwden. De monniken werden door de communisten verjaagd, en de pivnice zelf is nu een behoorlijk toeristische pub.

MALOSTRANSKÉ NÁMĚSTÍ

Aan Malostranské náměstí vind je verscheidene kerken, waaronder de **St. Thomas** (Kostel sv. Tomáše), enigszins verborgen achter Letenská. Deze van oorsprong gotische kerk werd na een verwoestenden brand in 1732 voor een groot deel herbouwd in barokke stijl. Peter Paul Rubens schilderde het altaarstuk *Het martelaarschap van St. Thomas*, waarvan nu nog een kopie in de kerk aanwezig is. Het origineel is te bezichtigen in het **Sternberg-paleis** (zie p. 51). De St. Thomas-kerk is één van de populaire locaties voor een katholieke huwelijksceremonie.

ST. THOMAS-KERK, Josefská 8, tel. (420) 257 530 556. Geopend: ma.–za. 11–13, zo. 9–12 en 16.30 en 17.30 uur.

Tegenover de St. Thomas-kerk bevindt zich de kleine **St. Joseph-kerk** (Kostel sv. Josefa), op de hoek van Josefská en Letenská, eveneens gebouwd volgens de stijlkenmerken van de barok.

St. Nicolaas-kerk

Veruit het indrukwekkendste gebouw aan het plein is de St. Nicolaas-kerk (Kostel sv Mikuláše), een monumentale barokkerk, gebouwd in de 18de eeuw (ze is niet de enige in haar soort, want op het Starometske náměstí staat óók een St. Nicolaas-kerk,

Muziekliefhebbers wachten bij de St. Nicolaas-kerk op de aanvang van het concert.

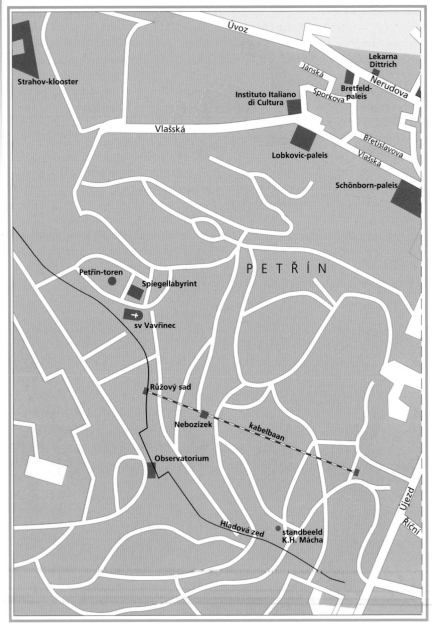

Malá Strana

zie p. 85). Bouwmeester Christoph Dientzenhofer, wiens familie verantwoordelijk was voor meer bouwwerken in de stad (p. 65), begon in 1703 met de bouw van de façade van deze kerk; in 1711 nam zijn zoon Kilián Ignaz het project over en maakte van het interieur een flamboyant geheel, compleet met gouden cherubijnen. De kerk is gewijd aan de heilige Nicolaas van Myra, de beschermheer van vrouwen, kin-

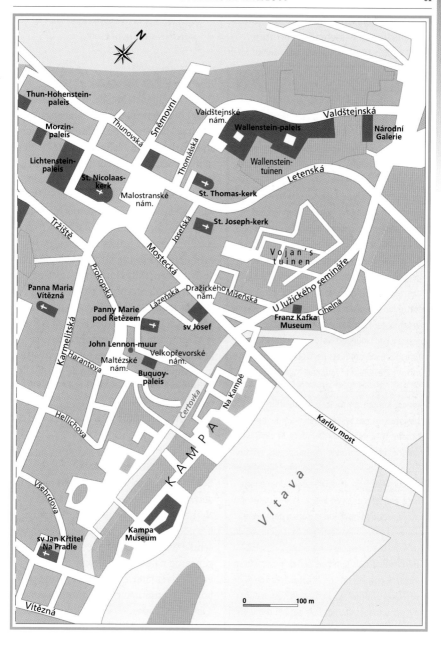

deren en zeelieden, en zijn legende wordt verbeeld in fresco's. De koepel van de kerk is immens hoog, bijna 80 m, en is voorzien van een prachtig fresco dat de verheerlijking van de Heilige Drie-eenheid verbeeldt.

In het huidige agnostische Tsjechië worden veel kerken niet meer gebruikt zoals ze oorspronkelijk bedoeld werden. In de St. Nicolaas-kerk worden nu, net als in veel andere Praagse kerken, klassieke concerten gegeven. Ook biedt een galerie in de kerk plaats aan wisselende exposities.

ℹ ST. NICOLAAS-KERK, Malostranské náměstí, tel.

HUISNUMMERS

Het zal de bezoeker snel opvallen dat alle huizen en gebouwen in Praag twee huisnummers hebben: één nummer in wit op een blauwe achtergrond, en één in wit op een rode achtergrond. Tot 1770 bestonden er helemaal geen huisnummers. Huizen droegen vaak een naam, en een gevelornament moest die naam uitbeelden. De meeste ornamenten, en corresponderende namen, zeiden iets over de bewoner van het huis of de aard van de winkel, zoals een tros druiven bij een wijnhandel. In andere gevallen waren de ornamenten van meer religieuze aard, of zijn ze nauwelijks meer te herleiden, zoals de Witte Indiaan of de Ezel in de Krib. De meeste ornamenten werden gemaakt van stucco; het gebruik van bladgoud werd vaak niet geschuwd (Praag is niet voor niets de 'Gouden Stad'!).

In 1770 besloten de rationeel ingestelde Habsburgers dat er een overzichtelijkere manier moest komen om huizen te identificeren. Zij besloten tot een systeem van nummering: rode bordjes met daarop witte cijfers. In 1878 werden de 'identificerende' huisnummers geïntroduceerd: blauw met witte bordjes. Deze nummering wijkt sterk af van de oude nummering en kent een geheel eigen logica. In de straten die in lijn met de Vltava lopen, lopen de nummers van zuid naar noord op, tegen de stroom van de rivier in. Bij straten die van west naar oost lopen, beginnen de huisnummers aan de rivierzijde en lopen zij op naarmate de straat zich van de rivier verwijdert. Bij pleinen worden de huizen dusdanig genummerd dat het huis dat het dichtst bij de rivier ligt, als eerste telt. Het is mooi om te zien hoe groot de rol is die de Vltava speelt bij een dergelijk systeem.

In principe dragen alle huizen beide bordjes nog steeds, al worden tegenwoordig vrijwel altijd de wit-in-blauwe nummers gebruikt als het gaat om adressering. Zo ook in deze gids.

(420) 257 534 215. Geopend: nov.–febr. dag. 9–16, mrt.–okt. dag. 9–17 uur.

Lichtenstein-paleis

Tegenover de St. Nicolaas-kerk bevindt zich het Lichtenstein-paleis (Lichtenštenký palác), eveneens een barok paradepaardje. Dit paleis werd in de 16de eeuw gesticht door Karl I, van de adellijke familie Lichtenstein die een van de grootste grootgrondbezitters van Bohemen was. Karl I, die in dienst was van koning Rudolf II, werd ook wel 'bloederige Karel' genoemd; hij dankte die bijnaam aan het feit dat hij in 1621 een groep van 27 protestantse leiders liet executeren na de catastrofale nederlaag bij de Witte Berg (Bílá Hora, 📖 p. 22). De 27 ijzeren hoofden voor het paleis herinneren ons tot op de dag van vandaag aan deze wrede daad. In de loop der eeuwen werd het Lichtenstein-paleis onder andere gebruikt als postkantoor en militair kwartier, maar nu biedt het plaats aan de muziekfaculteit van de Praagse Academie van Uitvoerende Kunsten.

ℹ LICHTENSTEIN-PALEIS, Malostranské náměstí 13, tel. (420) 257 534 205.

OMHOOG LANGS NERUDOVA

Een netwerk van smalle straatjes met kinderkopjes leidt omhoog naar het kasteel. Nerudova is de drukste van deze straten, bezaaid met toeristenwinkels, cafés en verschillende eetgelegenheden. De straat is genoemd naar de Tsjechische journalist en schrijver Jan Neruda (1834–1891), geboren op nummer 47, het huis genaamd 'De Twee Zonnen' (U dvou slunců). Neruda was een van de belangrijkste vertegenwoordigers van het Tsjechisch realisme; zijn populairste werk is de bundel *Povídky malostranské* (1877), in 1957 in het Engels vertaald als *Tales of the Little Quarter*, met verhalen over 'zijn' wijk Malá Strana. Nerudova en de straten eromheen vormden vroeger een van de belangrijkste buurten voor handwerkslieden; nu is het vooral een toeristenparadijs. Ondanks de drukte die hiermee gepaard gaat, is het de moeite van de steile klim waard, al is het maar om de talrijke gevelornamenten te ontdekken. Tot aan 1770 werden veel huizen hiervan voorzien; huisnummers bestonden toen nog niet. Aan het begin van Nerudova, op nummer 4, vind je een ornament van de Duivel, en op de nummers 12, 14 en 16 respectievelijk drie violen, een medusakop en een gouden kelk. Verderop, aan de overkant op nummer 41, staat het Huis van de Leeuw, voorzien van een 18de-eeuws ornament met daarin een leeuw die een kelk vasthoudt. Het eerder genoemde geboortehuis van Jan Neruda op nummer 47 wordt gesierd door twee zonnen in een cartouche. Ernaast, op nummer 49, zie je een sierlijke witte zwaan.

Barokke ambassades aan Nerudova

Tal van huizen aan Nerudova vallen op door de barokke gevels, vaak zorgvuldig gerenoveerd. In sommige panden zijn ambassades gevestigd, zoals de Roemeense ambassade in het **Morzin-paleis** (Morzinský palác) op nummer 5. Deze opvallende gevel toont twee Moren (een verwijzing naar de naam van het paleis) die een deel van de gevel ondersteunen. Schuin tegenover de Roemeense ambassade bevindt zich die van Italië, gevestigd in het **Thun-Hohenstein-paleis** (Thun-Hohenšdenký palác) op nummer 20. Hier wordt de lijst rondom de ingang ondersteund door twee enorme adelaars. Beide paleizen werden gebouwd door de Italiaan Giovanni Santini-Aichel aan het begin van de 18de eeuw. Wie het klimmen nog lang niet beu is, moet even stoppen op nummer 32, bij **Lekarna Dittrich**. Deze prachtige apotheek uit 1821 is geheel gerestaureerd en herbergt nu een kleine farmaceutische expositie, van onder andere ouderwetse geneeswijzen die de 21ste eeuw niet gehaald hebben. Denk bijvoorbeeld aan bloedzuigers die werden gebruikt bij aderlatingen.

ⓘ LEKARNA DITTRICH U ZLATEHO LVA, Nerudova 32, tel. (420) 257 531 502. Geopend: okt.–mrt. di.–vr. 11–17, za.–zo. 10–17, apr. –sept. di.–vr. 12–18, za.–zo. 10–18 uur.

Straatje bij avond

Úvoz

Op een gegeven moment houdt Nerudova op en begint het smallere, nog steilere straatje Úvoz, dat uiteindelijk naar het Strahov-klooster leidt. In Úvoz word je onherroepelijk aangetrokken door een meer dan adembenemend uitzicht op de **Petřín-heuvel** en de rest van de stad, aan de linkerzijde. Aan de rechterzijde van deze beduidend rustigere straat ligt een aantal galeries, waaronder **Galerie Josefa Sudka** op nummer 24. In dit huis woonde de beroemde Tsjechische fotograaf Josef Sudek (1896–1976) van 1958 tot aan zijn dood (zie ook p. 69). De galerie biedt plaats aan wisselende tentoonstellingen van Tsjechische en buitenlandse kunstenaars, in het bijzonder fotografen.

ⓘ GALERIE JOSEFA SUDKA, Úvoz 24, tel. (420) 257 531 489. Geopend: wo.–zo. 11–17 uur.

Het is de moeite waard nog iets verder omhoog te lopen, tot aan nummer 46. Hier is het theehuis en restaurant **Malý Buddha** (zie praktische informatie p. 170). Naast de 50 verschillende soorten thee biedt de kaart de keuze uit diverse Aziatische gerechten, voor wie behoefte heeft aan een lichte maaltijd. Achter in de ruimte staat een groot altaar, met aan beide zijden een goed verscholen tafeltje. De sfeer is sereen en ontspannen.

Richting Karmelitská

Afdalen richting Malostranské náměstí kan via een van de straatjes die parallel aan Nerudova lopen. Het **Bretfeld-paleis** (Bretfeldský palác) op Nerudova 33, met barokke decoraties aan de gevel, was eigendom van ene baron Bretfeld, en werd eind 18de eeuw bezocht door Wolfgang Amadeus Mozart. Tijdens een bal in het paleis zou de beroemde componist kennis hebben gemaakt met Giacomo Casanova, de Italiaanse avonturier en vrouwenverslinder.

Naast het Bretfeldsky-paleis leidt een trapje langs **U Sedmi Švábů**: een Tsjechische 'taverne', geheel opgetrokken in middeleeuwse stijl, op het potsierlijke af. De zware houten tafels in de ietwat donkere ruimte worden enkel gevuld met traditionele Tsjechische gerechten en dranken, zoals honinglikeur en gezouten varkensvlees. Een aanrader voor liefhebbers (zie praktische informatie, p. 169). Verder naar beneden loopt **Břetislavova** uit op **Tržiště**, een mooi en rustig straatje. In het bovenste gedeelte van Tržiště, de kronkel die aan Nerudova grenst, vind je het restaurant met de bijna onuitsprekelijke naam **Baráčnická Rychta**, waar de Tsjechische keuken de boventoon voert. In de kelder van het restaurant is vaak livemuziek (zie praktische informatie, p. 169). De straat uit, langs de Amerikaanse ambassade in het Schönbornský palác en verschillende cafés en restaurants, stuit je vanzelf op het drukke Karmelitská.

RONDOM HET MALTA-PLEIN

Het gebied tussen Karmelitská en **Kampa-eiland**, gesitueerd rondom het Maltaplein (Maltézské náměstí), bestaat uit een aantal straten waar voornamelijk restaurants en ambassades te vinden zijn. Het is duidelijk dat dit een van de betere wijken van Praag betreft: de staten zijn schoon, de gebouwen zorgvuldig gerestaureerd en goed onderhouden. Ooit leefden hier ridders van de Orde van Malta die veel van de gebouwen bezaten, waaronder het kerkje **Panny Marie pod Řetězem**, wat zich laat vertalen als Onze Vrouwe onder de Ketting. Vanaf deze plek werd de **Judithbrug** beschermd. Dit was de eerste stenen brug over de Vltava, in 1172 gebouwd op verzoek van koning Václav I ('de heilige Wenceslas') en vernoemd naar zijn vrouw. Twee eeuwen later stortte de brug na een overstroming in; op de fundamenten van de brug werd later een hotel gebouwd.

DE DIENTZENHOFERS: AMBASSADEURS VAN DE BAROK

De St. Nicolaas-kerk in Malá Strana, een van de paradepaardjes van de Dientzenhofers

De familie Dientzenhofer heeft onmiskenbaar haar stempel gedrukt op het aanzicht van de stad Praag. In de wijken Staré Město, Hradčany en Malá Strana zijn verschillende kerken en paleizen en andere gebouwen te vinden die door Dientzenhofers zijn gebouwd.

Deze familie van bouwmeesters kwam oorspronkelijk uit Beieren. Christoph Dientzenhofer (1655–1722) en zijn broer Johann (1663–1726) werkten beiden in de stijl van de barok: een 17de-eeuwse stroming in de kunst die voortkwam uit de renaissance, maar vele malen theatraler en uitbundiger. De barokke bouwkunst kenmerkte zich door rijk en weelderig materiaalgebruik, het toepassen van ingewikkelde en gedetailleerde patronen, overdadige decoraties en veel symmetrie. De barok was een stijl die zich goed leende voor religieuze gebouwen, omdat het theatrale karakter direct tot de emoties van de toeschouwer spreekt en de decoratieve overdaad een gelegenheid biedt om de weldaad en rijkdom van de kerk te tonen. Christoph Dientzenhofer begon in 1703 aan de bouw van de St. Nicolaas-kerk in Malá Strana (zie p. 59), één van de beste voorbeelden van barokke bouwkunst, en zonder twijfel een van de mooiste kerken van Praag. Christophs zoon Kilián Ignaz maakte de kerk af, en bouwde onder meer ook de andere St. Nicolaas-kerk in Staré Město, op het Oude Stadsplein, het Kinský-paleis op Petřín-heuvel en het Antonín Dvořák Museum, evenals verschillende gebouwen in steden buiten Praag.

Van Malta-plein naar Kampa-eiland

John Lennon-muur

Vanaf Maltézské náměstí richting de rivier passeer je de John Lennon-muur. Na de moord op Lennon in 1980 werd deze muur spontaan een monument; sindsdien wordt de ene laag graffiti met de andere bedekt.

Aangezien Praag in de jaren tachtig nog gebukt ging onder het communisme, was de muur aanvankelijk geen lang leven beschoren. De politie probeerde met man en macht de muur schoon te houden, maar tegen de nachtelijke graffitibombardementen viel nauwelijks op te schilderen. Ook de installatie van veiligheidscamera's

De John Lennon-muur is nu meer een graffitimagneet.

Tegenover de muur huist zoals gezegd de Franse ambassade in het **Buquoy-paleis** (Buquoyský palác), opgetrokken in rococostijl en bedekt met een laag stucco zo roze als taartglazuur. Een klein brugje over de Čertovka ('Duivelsstroom'), een minuscule zijarm van de Vltava, verbindt dit gedeelte van de wijk met Kampa-eiland, een schiereiland op een steenworp afstand van de Karelsbrug. Kampa is het grootste van de eilanden in de rivier, en zeker ook het mooiste. Het is er vrijwel altijd rustig, en zowel het grasveld als de banken rondom het Kampa Museum nodigen uit tot een moment van rust en observatie. Als het weer het toelaat brengen veel Tsjechen hun lunchpauzes buiten door, en ook het Kampa-eiland is daarvoor een geliefde plek.

en de surveillerende agenten bleken niet voldoende. Portretten van Lennon werden voorzien van zinnen uit zijn liedteksten, en zo groeide de muur stilaan ook uit tot een symbool van protest tegen het totalitaire regime.

Het verhaal wil dat de Franse ambassadeur, wiens kantoor tegenover de muur ligt, in 1989 de overheid verzocht niet langer in te grijpen en de graffiti te laten staan. In 1998 werd de 'John Lennon Peace Club' opgericht, die zich samen met ridders van de Orde van Malta (de oorspronkelijke eigenaars van het kleine klooster waartoe de muur behoort) inzetten voor restauratie en behoud van de verzwakte muur. Hierbij werd de originele 'grafsteen' van Lennon vervangen door een nieuwere, tot groot ongenoegen van velen, en ging ook vrijwel alle originele graffiti verloren. Tot op de dag van vandaag wordt de muur echter weer beschreven en beschilderd; nu voornamelijk door toeristen, en met teksten met een beduidend minder politieke lading dan vroeger het geval was.

Het noordelijke gedeelte van Kampa grenst aan de Karelsbrug, die via een trap direct bereikbaar is. Aan dit plein grenzen verschillende restaurants. Wie onder de brug door loopt komt, via **Dražického náměstí** en **Míšeňská** bij **Vojan's tuinen**. In deze buurt zijn veel kleine winkeltjes gevestigd, waaronder een van de beste boekwinkels van Praag: **Shakespeare and Sons**. Naast nieuwe boeken verkoopt deze winkel ook goede tweedehands exemplaren, vrijwel allemaal in het Engels. Ook vinden hier regelmatig literaire evenementen plaats. Shakespeare and Sons heeft nog twee andere vestigingen in Praag (zie praktische informatie, p. 168). Een paar deuren verderop, op nummer 24, is het restaurant **Čertovka** gevestigd. Bijzonder aan dit restaurant is het terras: dat ligt aan de waterkant en is te bereiken via een doorgang die zo smal is, dat er stoplichten zijn geïnstalleerd. Wie naar boven of naar beneden wil, drukt op de knop tot het licht op groen springt. Het terras biedt

tje; twee plassende mannen die met hun heupen zwaaien.

KAMPA-EILAND

Kampa Museum

'*If a nation's culture survives, then so too does the nation.*' Deze uitspraak van Jan Mládek siert de gevel van het Kampa Museum, ten zuiden van de Karelsbrug op Kampa-eiland. Mládek en zijn vrouw Meda, twee Tsjechen die beiden het land rond het begin van de Tweede Wereldoorlog hadden verlaten, ontmoetten elkaar in Parijs in de jaren vijftig. Zij vestigden zich samen in Amerika en bouwden daar een imposante collectie moderne Tsjechische kunst op. Toen Jan Mládek vlak voor de Fluwelen Revolutie van 1989 overleed, besloot Meda zijn laatste wens te vervullen en alle kunstwerken te schenken aan de stad Praag.

Restaurant Čertovka: wacht op het groene licht!

een mooi uitzicht over de Vltava en de oostelijke oever.

Franz Kafka Museum

Wie terugloopt richting Kampa-eiland, komt vanzelf langs het museum dat gewijd is aan de beroemdste Tsjech aller tijden, in het buitenland althans: Franz Kafka (☐ pp. 48-49). De collectie van het Franz Kafka Museum omvat brieven, manuscripten en foto's van de schrijver, evenals de eerste drukken van bijna al zijn boeken. De museumwinkel is ruim gesorteerd.

ℹ FRANZ KAFKA MUSEUM, Cihelná 2b, tel. (420) 221 451 400, www.kafkamuseum.cz. Geopend: dag. 10–18 uur.

Let bij een bezoek aan het museum even op de opmerkelijke fontein op het plein-

De oude watermolen **Sovovy mlýny** (Sova's molen) werd verbouwd, om onderdak te kunnen bieden aan de collectie. De verzameling van de Mládeks begon met een klein schilderij van de bekende avant-gardekunstenaar František Kupka (☐ p. 143), en zijn werken zijn dan ook ruim vertegenwoordigd. In de zijvleugel op de begane grond vinden, evenals op de bovenverdieping, wisselende tentoonstellingen plaats. De overige verdiepingen tonen de vaste collectie van de Mládeks, waaronder een aanzienlijke hoeveelheid sculpturen. Wie een goed beeld wil krijgen van de ontwikkeling van de Tsjechische kunst in de 20ste eeuw mag dit museum zeker niet overslaan. Vergeet ook niet de bijzondere details van het gebouw zelf en de omgeving te bekijken, zoals de glazen pas-

IJSHOCKEY

Evenals in Nederland is voetbal in Tsjechië een populaire sport, maar het moet het daar waarschijnlijk toch afleggen tegen ijshockey. Lední hokej, zoals de Tsjechen het noemen, wordt bijzonder fanatiek bedreven door zowel professionele sporters als amateurs. Het nationale ijshockeyteam behoort al jaren tot de wereldwijde top vijf: het won olympisch goud in 1998 en werd verscheidene jaren achtereen wereldkampioen.

Slavia Praha opent het ijshockeyseizoen.

Het ijshockeyseizoen wordt eind september geopend en vanaf dat moment is het elk weekend raak. Op zaterdag trekken horden fans naar het stadion voor een soms wel drie uur durende wedstrijd. IJshockeywedstrijden zijn spannend om te zien: er wordt snel en fanatiek gespeeld, met veel duw- en trekwerk en spelers die hun tegenstander tegen de boarding rondom de ijsbaan smijten. Vaak vliegt daarbij wat bloed en speeksel in het rond.

Tijdens het communisme

Gedurende de vier decennia dat Tsjecho-Slowakije onder communistisch bewind stond, werden populaire sporten, zoals ijshockey, door de staat gesponsord en vooral gecontroleerd. Toen het nationale ijshockeyteam in 1950 naar Londen wilde afreizen om de 1 jaar oude wereldtitel te verdedigen, werd het op het vliegveld van Praag door overheidsfunctionarissen tegengehouden: de angst dat de spelers eenmaal in het buitenland hun hielen zouden lichten was zo groot, dat de staat het team verbood om buiten de landsgrenzen te spelen. De spelers werden gevangengenomen en gedwongen tot zware arbeid; pas vijf jaar later werd hun amnestie verleend. Heden ten dage is dit totaal anders: door de uitstekende reputatie van Tsjechische ijshockeyspelers is het niet uitzonderlijk om in Noord-Amerikaanse ijshockeyteams een aanzienlijke hoeveelheid spelers met een Tsjechische naam tegen te komen.

Praagse clubs

De twee ijshockeyclubs van Praag heten **Sparta Praha** en **Slavia Praha**. Sparta Praha is de meest gesponsorde club, en dat is te zien aan hun hal. Slavia Praha is de minder commerciële underdog die zijn rivaal het hoofd biedt in een, helaas onverwarmde, ijshockeyhal wat verder buiten het centrum. Wie de mogelijkheid heeft om een wedstrijd van een van deze twee te bezoeken moet dit absoluut doen; het garandeert een leuke en spannende middag die je de mogelijkheid biedt de bewoners van Praag van hun meest fanatieke en gepassioneerde kant te zien. En vergeet vooral niet een supportersjaal te kopen!

HC SPARTA PRAHA, T-Mobile Arena, Za elektárnou 419, Holešovice, tel (420) 266 727 442, www. hcsparta.cz. 5, 12, 14, 15, 17. Tickets te koop: ma.–vr. 9–12 en 13–17.30 uur.

HC SLAVIA PRAHA, Sazka Arena, Ocelářská ulici, Vysočany (Praha 10), www.sazkaarena.cz. Českomoravská 8, 19. Tickets te koop: anderhalf uur voor aanvang van de wedstrijd.

De gevel van het Kampa Museum met de beroemde spreuk van Jan Mládek

over in Újezd. Aan deze straat liggen verschillende restaurants en cafés, evenals een vestiging van **Bohemia Bagel**, een populaire eetgelegenheid waar je tot 's avonds laat bagels kunt eten (Újezd 16). Veel tafels hier worden bezet door Amerikaanse studenten. Eveneens aan Újezd vind je het **Ateliér Josefa Sudka** op nummer 30. Om dat te bezichtigen moet je een aantal deuren door die uiteindelijk op een binnenplaats uitkomen. '*Fotograf v zahradě*' staat er op de muren geschilderd, en rechts staat, goed verscholen in een weelderige tuin, een exacte replica van het houten huisje dat Josef Sudek als studio en woonruimte gebruikte. Sudek was niet de enige fotograaf die in het huisje heeft gewerkt, maar wel de bekendste. Nadat hij in 1958 verhuisde naar het pand aan Úvoz, waar nu zijn galerie gevestigd is (zie p. 64), bleef

sage van de benedenverdieping naar de zijvleugel en het water dat daar onderdoor stroomt. Naast het museum ligt het exclusieve **Kampa Park Restaurant**, met een terras aan de rivierzijde.

ⓘ KAMPA MUSEUM, U Sovových mlýnů 2, tel. (420) 257 286 147, www.museumkampa.cz. Geopend: dag. 10–18 uur.

ÚJEZD

Karmelitská loopt in zuidelijke richting

Moderne kunst van Tsjechische bodem

Het voormalige atelier van Josef Sudek

Petřín is een heerlijke plek, favoriet bij zowel bewoners als bezoekers van de stad; ideaal voor een picknick of gewoon even een uurtje in het gras met of zonder boek. In de 17de en 18de eeuw werden veel stenen die nodig waren om de stad te bebouwen van deze heuvel afgehaald. Om boven aan de heuvel te komen kun je de **kabelbaan** (*lanová dráha*) nemen.

ℹ️ KABELBAAN. De kabelbaan (niet gratis) gaat: apr.–okt. 9–23.30 uur, elke 10 minuten. In de overige maanden gaat hij elk kwartier.

De kabelbaan brengt je in korte tijd boven aan de heuvel; halverwege uitstappen kan ook. Wie echter zin heeft om het rustig aan te doen en niet bang is voor een steile klim, kan te voet de paden volgen die over de heuvel kronkelen. Links, niet ver van de ingang van de kabelbaan, staat het **standbeeld van Karel Hynek Mácha**. Deze 'grootste Tsjechische dichter van de 19de eeuw' (1810–1836) stierf erg jong, maar is nog altijd populair. Enkele maanden voor zijn dood schreef hij het gedicht *Máj* (*Mei*) dat gaat over verleiding en wraak, en over vaderlandsliefde. Een saillant detail is dat Mácha aanvankelijk in het Duits dichtte en daarom door nationalisten als 'niet-Tsjechisch' werd beschouwd. Maar zijn populariteit groeide en veel Tsjechen kennen de eerste regels van *Máj* uit hun hoofd:

Byl pozdní večer, první máj
večerní máj, byl lásky čas
Hrdliččin zval ku lásce hlas
kde borový zaváněl háj

hij hier werken. De studio toont wisselende tentoonstellingen van Sudek en andere fotografen uit zijn tijd.

ℹ️ ATELIÉR JOSEFA SUDKA, Újezd 30, tel. (420) 251 510 760, (420) 224 052 166, www.sudek-atelier. cz. Geopend: di.–zo. 12–18 uur.

Naast de studio, op nummer 26, vind je **Antikvariát Pražský Almanach**, een van de betere antiquariaten van de stad. Naast boeken zijn hier ook veel oude posters en prenten te koop. Liefhebbers van poëzie en avant-gardekunst moeten dit adres zeker niet overslaan.

Petřín-heuvel

Achter Újezd rijst de Petřín-heuvel op, de hoogste van de zeven heuvels in Praag.

Mooi zicht op de kasteelburcht vanaf de Petřín-heuvel

'Hongermuur'

Aan de zuidelijke kant wordt de top van de heuvel doorsneden door de 8 m hoge Hongermuur (Hladová zed). Karel IV gaf in 1360 opdracht tot de bouw van deze verdedigingswal, om zo de armen van de stad van werk te voorzien en tegelijkertijd de Praagse burcht en Malá Strana te beschermen tegen aanvallen uit het westen en zuiden. Opmerkelijk is dat de term *hladová zed* tegenwoordig spottend gebruikt wordt ter aanduiding van nutteloos werk, uitgevoerd op last van de overheid.

Boven aan de heuvel vind je, naast de prachtige rozentuin, het **Observatorium** (Štefánikova Observatory), geopend in 1928. In een kleine permanente tentoonstelling wordt de astronomische geschiedenis van Tsjechië geeerd, maar het zijn voornamelijk de twee krachtige telescopen die nieuwsgierigheid opwekken. Op heldere dagen is het mogelijk om onder begeleiding de hemel af te speuren; in de zomermaanden is het Observatorium ook 's avonds geopend.

OBSERVATORIUM, tel. (420) 257 320 540, www.observatory.cz. Geopend: nov.–febr. di.–vr. 18–20, za.–zo. 10–12 en 14–20, mrt. –okt. di.–vr. 19–21, za.–zo. 10–12, 14–18 en 19–21, apr.–aug. di.–vr. 14–19 en 21–23, za.–zo. 10–12, 14–19 en 21–23, sept. di.–vr. 14–18 en 20–22, za.–zo. 10–12, 14–18 en 20–22 uur.

's Avonds laat, op de eerste mei
mei verlicht door schemer, de tijd van liefde
riep de tortelduif verleidelijk
daar waar rijke en zoete pijnbomen stonden.

Op 1 mei wordt in Tsjechië niet alleen de dag van de arbeid gevierd, maar ook de dag van de liefde. Verliefde koppels leggen dan rozen bij het beeld van Karel Hynek Mácha neer en vlijen zich in het gras van de Petřín-heuvel.

Halverwege de heuvel, bij de eerste halte van de kabelbaan, ligt het restaurant **Nebozízek**. Het terras nodigt zeker uit tot een drankje; het uitzicht over de stad is vanaf hier simpelweg adembenemend.

Wie de muur langs de rozentuinen volgt, stuit op zeker moment op een kerk (Kostel sv. Vavřinec) met twee torens. De **Petřín-toren** (Rozhledna) staat schuin tegenover

Het Observatorium

Geopend: nov.–mrt. za.–zo. 10–17, apr. dag. 10–19, mei–sept. dag. 10–22, okt. dag. 10–18 uur. Jára Cimrman-bulletin (in het Tsjechisch): www.cimrman.at.

Rondom de toren is ook het **Spiegellabyrint** (Zrcadlové bludisté), dat huist in een nep-kasteel, compleet met ophaal-brugje. Hoewel vooral in trek bij kinderen is het ook voor volwassenen leuk om te be-zichtigen. Behalve het labyrint bevat dit nepkasteel namelijk ook een miniatuurweergave van de overwinning van de burgers van Praag op de Zwe-den, die de stad aanvielen in 1648: een van de hoogtepunten uit de geschiedenis van de stad.

🛈 SPIEGELLABYRINT, tel. (420) 257 315 212. Geopend: nov.–mrt. za.–zo. 10–17, apr. dag. 10–19, mei–aug. dag. 10–22, okt. dag. 10–18 uur.

deze kerk. Het is een soort vrije interpre-tatie van de Eiffeltoren, maar dan 'slechts' 60 m hoog. De toren is vanuit veel plekken van de stad goed te zien en wordt 's avonds verlicht. Na de bouw van de Eiffeltoren in Parijs in 1889 besloten de Tsjechen hun ei-gen versie te bouwen; twee jaar later stond deze toren er, vervaardigd van hergebruik-te treinrails. Symbolisch gezien was het tevens een eerbetoon aan de sterke poli-tieke en culturele banden die de twee ste-den met elkaar hadden. Om de toren te be-klimmen en een spectaculair uitzicht over de stad te krijgen, moet je 'slechts' 299 tre-den trotseren. In de kelder van het gebouw, op een ondankbare plek naast de toilet-ten, huist een bijzonder museum: het **Jára Cimrman Museum**, dat is gewijd aan een van de populairste Tsjechen aller tijden, die nooit heeft bestaan.

🛈 PETŘÍN-TOREN, tel. (420) 257 320 112. Geopend: nov.–mrt. za.–zo. 10–17, apr. dag. 10–19, mei–sept. dag. 10–22, okt. dag. 10–18 uur.

JÁRA CIMRMAN MUSEUM, tel. (420) 257 320 112.

Praags eigen mini-Eiffeltoren

JÁRA CIMRMAN: EEN MISKEND GENIE

Zonder hem had de Eiffeltoren nooit zo stevig op zijn poten gestaan, had Albert Einstein nimmer furore kunnen maken met de relativiteitstheorie, was de Noordpool niet ontdekt en had de mensheid niet kunnen genieten van yoghurt. Jára Cimrman (1869?–1914?) is een van de invloedrijkste en tegelijkertijd een de meest onderschatte personen uit de geschiedenis van Tsjechië. Een museum in de kelder van de Petrin-toren (p. 72) eert dit 'genie, dat niet bekend is geworden'. Hier zijn veel van zijn uitvindingen te zien, zoals de 'brandweerfiets', en illustreren foto's de historische hoogtepunten uit zijn leven. Het feit dat Jára Cimrman nooit werkelijk heeft bestaan, lijkt zijn populariteit nimmer te hebben aangetast. Er zijn zelfs 'Cimrmanologisten'; mensen die zich verdiept hebben in zijn leven en werken en serieuze lezingen over hem geven.

In 1966 werd Cimrmans karakter verzonnen door twee journalisten, waarna hij zijn entree maakte in de radioshow met de raadselachtige naam *Nealkoholická vinárna U Pavouka* ('De non-alcoholische wijn-kamer van de spin'). Luisteraars reageerden zo enthousiast dat de mythe werd voortgezet. Naast talloze prestaties en ontdekkingen werden ook verscheidene toneelstukken aan Cimrman toegeschreven. En tot op de dag van vandaag worden deze opgevoerd in het Jára Cimrman Theater in de wijk Žižkov.

Volgens velen staat Jára Cimrman symbool voor de sarcastische humor van de Tsjechen, en hun eigen-schap zichzelf niet al te serieus te nemen. Anderen beweren dat zijn populariteit te verklaren is door naar de geschiedenis van het Tsjechische volk te kijken: een briljante Tsjech die van de 'buitenwereld' nooit de eer kreeg die hij verdiende als symbool van een land dat eeuwen lang geleden heeft onder heerschappij van andere landen en zich altijd koest heeft gehouden.

Toen in 1967 het toneelstuk *Akt* voor het eerst werd opgevoerd, was het een doorslaand succes. On-danks het knullige optreden van de amateur-spelers kon het publiek geen genoeg krijgen van de absurde avonturen van Cimrman. De communistische regering, erg gefocust op het bevorderen van de nationale trots, stond positief tegenover het opvoeren van zijn toneelstukken. *Akt* verhaalde over het miskende genie en zijn avonturen in de Oostenrijks-Hongaarse periode, maar leverde tussen de regels door kritiek op de communistische regering en de Tsjecho-Slowaakse cultuur.

In 2005 lanceerde een Tsjechische televisieomroep de verkiezing van de 'Grootste Tsjech Aller Tijden'. Al snel bleek dat Jára Cimrman hard op weg was deze verkiezing te winnen van populaire zangers en historische figuren. Dit leidde tot diskwalificatie van Cimrman, omdat alleen bestaande personen in aanmerking zouden mogen komen voor de titel, aldus de organisatoren. Een petitie om Cimrman in de race te houden mocht niet baten, maar inspireerde de BBC tot het instellen van een speciale categorie in de populariteitsverkiezing, voor fictionele karakters.

🛈 ŽIŽKOVSKÉ DIVADLO JÁRY CIMRMANA, Štítného 5, Praha 3, Žižkov, tel. (420) 222 781 860, www.zizkovskedivadlo-jc.cz.

Iets zuidelijker ligt het mooie **Kinsky-pa-leis** (Kinský palác), ook bereikbaar via Náměstí Kinských. Het uiterlijk van dit sta-tige, in de 18de eeuw gebouwde zomerpa-leis is onmiskenbaar rococo, met de stuc-co gevel. Het zomerpaleis wordt omringd door tuinen. Het opende in 2005 na een grondige renovatie: het gebouw was onder het communisme dusdanig verwaarloosd dat het letterlijk aan het afbrokkelen was.

Nu verkeert het in perfecte staat en huist er een **Museum van Volkskunst** (Musai-on) in. De collectie omvat oorspronkelijke kostuums, meubels, kunstvoorwerpen en keramische objecten uit de 19de en vroege 20ste eeuw. Wie geïnteresseerd is in volks-kunst en met name handwerk, kan hier zijn of haar hart ophalen. Let ook even op de prachtige vloermozaïeken.

🛈 MUSEUM VAN VOLKSKUNST, Kinského zahrada

NÁMĚSTÍ KINSKÝCH

Een fontein op de plek waar ooit een roze tank stond

Een fontein siert Náměstí Kinských, een ogenschijnlijk nietszeggend pleintje in Smíchov met een interessante geschiedenis: ooit stond hier namelijk de tank die als eerste Praag zou zijn binnengereden in mei 1945.

Tot 1991 heette dit plein Náměstí Sovětských tankistů ('Plein van de Sovjettankbestuurder') en was het de standplaats van Tank 23, een 'genereus' cadeau van de Sovjet-Unie, dat de Tsjechen eraan moest helpen herinneren wie hen van de Duitse bezetting had bevrijd. Na de brute inval van Sovjettanks tijdens de Praagse Lente in 1968 was de aanwezigheid van Tank 23 veel Tsjechen een doorn in het oog. In 1991, twee jaar na de definitieve val van het communisme, besloot de Tsjechische kunstenaar David Černy de tank roze te spuiten en te voorzien van een wijzende vinger. Dit uiteraard tot groot ongenoegen van de regering. De arrestatie van Černy leidde tot een storm van protesten, waarop men besloot de inmiddels weer haastig groen geschilderde tank dan maar te verwijderen. Toenmalig president Václav Havel verklaarde geen fan te zijn van welke tank dan ook: groen of roze.

Tank 23 en zijn voetstuk werden vervangen door een fontein, en het plein kreeg een nieuwe naam.

98, tel. (420) 257 3325 766, www.nm.cz. Geopend: okt.–apr. di.–zo. 9–17, mei–sept. di.–zo. 10–17 uur.

SMÍCHOV

Náměstí Kinských

De wijk Smíchov grenst aan de zuidzijde van Malá Strana en is van oudsher een arbeiderswijk. In deze wijk staat de brouwerij van Staropramen, een van de bekendste bieren in Tsjechië. Aan de voet van de Petřín-heuvel ligt Náměstí Kinských, een ogenschijnlijk nietszeggend pleintje met een roemruchte geschiedenis. Wie de straat **Štefánikova** volgt komt vanzelf uit bij **Anděl**, tevens een metrohalte van de B-lijn. Hier ligt het glazen winkelparadijs **Novy Smíchov**, dat behalve honderden winkels ook een bioscoop en een aantal restaurants herbergt. Kooplustige Tsjechen en toeristen kunnen hier zeven dagen per week hun gang gaan.

Náměsti 14. října

Aan de overzijde van Štefánikova ligt het plein **Náměsti 14. října**, wat zoveel betekent als het 'Plein van 14 Oktober'. Aan dit plein staan het art-nouveaugebouw **Národní dům** en de bijbehorende markthal, die een sterk contrast vormen met de supermarkt die erin gevestigd is. De Václav-kerk aan de overzijde (**Kostel sv. Václava**) is er beter aan toe; dit neorenaissancistische gebouw is wel een bezoekje waard. Het interieur heeft onder andere mooie mozaïeken en pilaren van rood graniet. Let ook op de mooie glas-in-loodramen.

ⓘ KOSTEL SV. VÁCLAVA, Náměstí 14. října. Geopend: ma.–vr. 6.15–12, za. 7.15–11, zo. 7.30–11 uur.

Portheimka

Naast de kerk staat Portheimka, een barokke villa die ooit eigendom was van bouwmeester Kilián Ignaz Dientzenhofer, die onder andere de twee Nicolaas-kerken in Praag bouwde (□ p. 65). Dientzenhofer begon in 1725 aan de bouw van deze monumentale villa. Na zijn dood, twintig jaar later, wisselde deze verscheidene malen van eigenaar en werd zelfs nog even bewoond door een Nederlander. Uiteindelijk kwam de villa in handen van een familie van Joodse Portugezen, genaamd Porges. Toen deze familie door Ferdinand v in de adelstand werd verheven, veranderden zij hun naam van Porges in Von Portheim. Tijdens de Tweede Wereldoorlog raakte de familie de villa kwijt; nu wordt deze gebruikt als expositieruimte. De villa is alleen op afspraak te bezichtigen.

ⓘ PORTHEIMKA, Štefánikova 12, tel. (420) 257 326 353. Geopend: alleen op afspraak.

Bertramka-villa

Achter Anděl, de heuvel op, ligt de prachtige Bertramka-villa. Hier woonde het muzikale echtpaar Dušek. František Dušek was een geliefd pianist, zijn vrouw Josefa een bijzonder populaire zangeres. De beroemdste van al hun huisgasten was Wolfgang Aamadeus Mozart; de componist logeerde er regelmatig en zette hier de puntjes op de i van zijn opera *Don Giovanni*, kort voor de première. Nu is de villa, in de 19de eeuw keurig gerestaureerd, een museum, geheel gewijd aan Mozart. Er worden onder andere brieven, originele partituren en manuscripten getoond. De villa ligt zo afgelegen dat het er zelden druk is; bij mooi weer is het goed toeven in de tuin. Soms worden er ook concerten gegeven.

ⓘ MOZART MUSEUM – BERTRAMKA, Mozartova 169, tel. (420) 257 318 461, www.betramka.cz. Geopend: nov.–mrt. dag. 9.30–16, apr.–okt. dag. 9–18 uur.

WINKELEN IN PRAAG

De Tsjechische consumptiecultuur kan zich tegenwoordig goed meten met die van een gemiddeld West-Europees land. Er zijn weinig steden waar zo enthousiast wordt geshopt als in Praag. De Tsjechen hebben tot aan het begin van de jaren negentig last gehad van de nasleep van het communisme. Sommige artikelen waren er simpelweg (nog) niet te krijgen of een winkel had er slechts één exemplaar van in huis. Het duurde tot 1995 voordat de eerste westerse supermarkt hier zijn deuren opende. Waren modeartikelen vroeger vaak knullige kopieën van westerse items, nu is alles wat 'bij ons' te koop is, ook hier te koop, en heeft Praag zijn eigen mode*scene*, met ontwerpers die soms ook buiten de landsgrenzen furore maken.

Winkelen in Praag verschilt dus in weinig meer met winkelen in andere metropolen. Ook hier worden de grote winkelstraten gedomineerd door de lichtreclames van winkelketens, en het Amerikaanse fenomeen van de *shopping mall* is hier ook doorgedrongen, zoals **Palác Flora** (in de wijk Žižkov) en **Nový Smíchov** (in de wijk Smíchov) bewijzen.

Het gemiddelde salaris is in Tsjechië nog steeds een stuk lager dan in West-Europa; de gemiddelde prijzen van levensmiddelen, kleding en schoenen en gebruiksartikelen zijn dan ook lager dan in ons land. Winkelen kan hierdoor voor de gemiddelde toerist een aangename bezigheid zijn. Desondanks kent ook Praag een paar straten waar winkels uit het topsegment zich hebben gevestigd; de luxe kleding en artikelen die hier verkocht worden, zijn slechts

Een winkel van een toonaangevende Tsjechische modeontwerpster

voor enkele *Czuppies* (Tsjechische yuppies) weggelegd.

Warenhuizen
Hoewel de gemiddelde Tsjechische man op leeftijd zijn sandalen-met-sokken nog steeds koestert, zijn de twintigers en dertigers van Praag modebewuster dan ooit. En daarbij zeker niet merkenschuw. Wie behoefte heeft aan een dagje winkelen tussen vertrouwde merken doet er goed aan één van de grote warenhuizen te bezoeken, of de winkelstraten rondom Václavské náměstí, in de wijk Nové Město. Met name de straten Národní Třída, 28. Října en Ná Příkopě vormen een waar winkelwalhalla. Hier vind je kleding, schoenen en gebruiksartikelen van de bekende internationale ketens. Behalve de eerdergenoemde megacomplexen, waar je ook kunt eten, bowlen of een film bekijken, zijn er ook wat kleinere warenhuizen met vaak een inpandige supermarkt, zoals de vestiging van het Britse Tesco aan Narodní Třída. (Zie voor adressen bij de praktische informatie op p. 168.)

Markten
Er zijn niet veel markten in de openlucht en het aanbod wordt vaak gedomineerd door toeristische prullaria. Met de kerst- en paasmarkten, wanneer het winkelen in de frisse lucht goed gecombineerd kan worden met een glas *svařené víno* (warme wijn), is er vaak wat meer te zien. De Havelskýmarkt, dicht bij het Oude Stadsplein, biedt een vrij ruime keuze aan groente en fruit.

- **Havelský-markt**, Havelská, Nové Město. Geopend: ma.–vr. 7.30–18, za.–zo. 8.30–18 uur. ⓂA en B, Můstek ● 6, 9, 18, 22.
- **Spálená-markt**, Spálená 30, Nové Město. Geopend: dag. 7.30–19 uur.

Uit de oude doos
Ondanks de rap intredende modernisering en de groeiende aanwezigheid van internationale winkelketens zijn *antikvariáts* en *bazars* gelukkig nog steeds niet uit het straatbeeld weg te denken. **Bazars** zijn eigenlijk een soort rommelwinkeltjes; elke bazar lijkt z'n eigen specialiteit te hebben. De een verkoopt voornamelijk oud porselein, de ander specialiseert zich in linnengoed of sieraden. De bazars die zich in de meer toeristische wijken bevinden zijn vaak een stuk duurder dan die in wijken als Vinohrady en Žižkov. Wie uit is op een mooie vondst moet veel geduld hebben; in sommige bazars is het een soort schatgraven.

Antikvariáts specialiseren zich in oude boeken, prenten, kaarten en foto's. Veel antikvariats verkopen ook oude schilderijen of oud drukwerk. Hoewel de meeste literatuur Tsjechisch is, is er soms ook wel een kleine selectie Duitse en Engelse boeken te vinden. Ook voor antikvariáts geldt dat je soms goed moet zoeken voor een echte parel. (Zie voor adressen de praktische informatie op p. 168.)

Souvenirs
Wie iets 'typisch Tsjechisch' mee naar huis wil nemen, kan alle kanten op. Van houten marionetten tot sterke drank en van sieraden tot zeep; een souvenir uit Praag hoeft zeker niet saai of voorspelbaar te zijn. De winkels van **Manufaktura** verkopen producten als houten speelgoed, typisch Boheems blauw linnengoed en handgemaakte zepen. Wie iets koopt krijgt er een kaartje bij met daarop informatie over het materiaal en de wijze waarop het gemaakt is; dit geeft elk product een uniek karakter. Het merk **dr. Stuart's Botanicus** heeft ook enkele winkels in de stad, en specialiseert zich in huidverzorging. Alle producten van Botanicus worden gemaakt van ingrediënten die in het dorpje Ostrá, zo'n 35 km ten oosten van Praag, op biologische wijze worden verbouwd.

4

Het historische centrum

Naast Hradčany is Staré Město de bekendste wijk van Praag; het is de wijk waar Staroměstské náměstí, het Oude Stadsplein ligt, evenals de Joodse wijk Josefov. En het is de wijk waar de beroemde Karlův most de Vltava overbrugt, richting Malá Strana. Staré Město, letterlijk 'de Oude Stad', is het kloppend hart van de Praagse toeristenindustrie, en dat kan zeker in de zomermaanden nogal overweldigend zijn. Maar er is zoveel om te zien en van te genieten, dat niemand deze wijk moet overslaan.

Al in de 10de eeuw vestigden handwerkslieden en handelaars zich in de wijk, die een paar honderd jaar later stadsrechten kreeg. Dit gedeelte van Praag werd nooit aangetast door grote branden, in tegenstelling tot een wijk als Malá Strana, zodat er nog veel van de oorspronkelijke bebouwing is te zien. De Joodse wijk Josefov is in de 19de eeuw wel grotendeels herbouwd.

RONDOM DE KARELSBRUG

Karelsbrug

De Karelsbrug (Karlův most) is een van de bekendste bruggen ter wereld. Na het instorten van de Judith-brug halverwege de 14de eeuw werd er in 1357, in opdracht van Karel IV, een nieuwe brug over de Vltava gebouwd. De gotische **brugtoren** (Staroměstská mostecká věž) aan Staré Město-zijde dateert ook van de 14de eeuw, en is van de hand van Peter Parler, die ook voor een groot deel verantwoordelijk was

▲ *De beroemde Karelsbrug op een zeldzaam rustig moment*
◀ *Gevels met vlag*

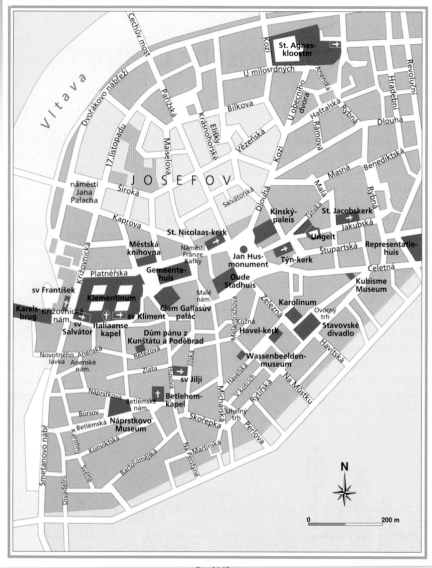

Staré Město

voor de St. Vitus-kathedraal. Aan de voorzijde van de toren zie je beelden van Karel IV en zijn zoon Wenceslas IV, geflankeerd door St. Vitus en twee belangrijke Boheemse beschermheiligen: St. Vojtěch (ook wel St. Adalbert genoemd) en St. Sigismund. Beide figuren spelen een belangrijke rol in de geschiedenis van Tsjechië. Vojtěch werd in 982, amper 30 jaar oud,

de eerste bisschop van de stad Praag. Sigismund werd in 1419 gekroond tot koning van Bohemen, maar pas in 1437 ook als zodanig erkend door de bevolking, omdat hij in 1415 niet had kunnen voorkomen dat de geliefde priester Jan Hus op de brandstapel terechtkwam (p. 87). Hij werd hierna lange tijd beschouwd als onbekwaam en een 'verrader', en pas twee de-

cennia later in ere hersteld.
De toren kan beklommen worden voor een goed uitzicht
over Malá Strana en het kasteel.

ⓘ BRUGTOREN. Geopend: dag. 10–18
uur.

Het is een understatement te
zeggen dat het altijd druk is op
de brug; vooral 's zomers is het
soms een hele worsteling om
door de mensenmassa heen te
komen. Er is zoveel te zien en
te horen dat de betrekkelijk
korte afstand soms veel tijd in
beslag kan nemen, maar dat
is niet erg. Wie geïnteresseerd
is in een, al dan niet karikatu-
raal, zelfportret, een aquarel of
handgemaakte sieraden heeft
keus genoeg. Ook biedt de brug
meer dan genoeg momenten
voor onvergetelijke foto's. Het
is aan te raden om de brug een
keer 's avonds te bewandelen,
of nog beter: bij zonsopgang.

Toeristen verdringen zich rondom het beeld van Jan Nepomucký.

Bij het aanbreken van de dag is de brug namelijk nagenoeg verlaten en baadt de hele
stad in het gouden ochtendlicht; dan is
Praag op zijn mooist.

In de 17de eeuw werd de tot dan toe sobere brug voorzien van standbeelden, gemaakt door de beste beeldhouwers van
Bohemen (voor die tijd was de brug overigens al wel een keer voorzien van de door
katholieken afgehakte hoofden van protestanten!). De standbeelden dienden de
voetgangers, op weg naar hun dagelijkse
bezigheden, te inspireren. Op twee na zijn
alle huidige beelden op de brug kopieën
van de zandstenen originelen, die niet helemaal bestand bleken tegen het weer.
Het eerste en bekendste beeld, en het enige bronzen beeld op de brug, is dat van de
martelaar **Jan Nepomucký** (1340–1393);

beeld nummer acht aan de rechterzijde,
vanaf Staré Mĕsto bezien. Volgens de legende was hij de biechtvader van de koningin van Bohemen, en weigerde hij onder druk haar geheimen prijs te geven aan
haar echtgenoot, met fatale gevolgen. Het
werkelijke verhaal gaat over een welvarende predikant die tijdens de antikerke-
lijke campagne van Wenceslas IV (de zoon
van Karel IV) in botsing kwam met de koning. Nepomucký zou tegen de wens van
Wenceslas IV in, een controversieel per-
soon aan het hoofd van een abdij hebben
gezet. Hij werd gevangengenomen, gemar-
teld en vervolgens van de brug gegooid,
zijn dood tegemoet. De sterren rondom
zijn hoofd staan voor de vijf sterren die in
het water zouden zijn verschenen toen hij
verdronk. Zijn dood wordt verbeeld in het

DE ROERIGE GESCHIEDENIS VAN UNIVERZITA KARLOVA

Uitzicht op de gebouwen van de universiteit

Karel IV richtte in 1348 de Univerzita Karlova op. Het was de eerste universiteit in Centraal-Europa, gemodelleerd naar de Parijse Sorbonne. In het begin waren er vier faculteiten: rechten, medicijnen, kunst en theologie.

Het gotische Karolinum (zie p. 95) is het oudste gebouw van de universiteit en is tot op heden nog steeds in gebruik.

Aan het einde van de 14de eeuw werd kerkhervormer Jan Hus door Karel IV's zoon en opvolger aangesteld als rector van de Karelsuniversiteit. Hierdoor kwam de universiteit in de invloedssfeer van de Hussieten. De universiteit werd door Hus teruggebracht tot één faculteit: die van de kunsten.

Hoewel de universiteit ook na de excommunicatie van Jan Hus (p. 87) een protestants karakter bleef houden, veranderde dit drastisch na de overwinning van de katholieken na de Dertigjarige Oorlog (1618–1648). Koning Ferdinand III bracht de Karelsuniversiteit samen met de universiteit van de jezuïeten, in het Klementinum onder om zo één grote, min of meer openbare, onderwijsinstelling te creëren, genaamd 'Karel-Ferdinand Universiteit'. Het aantal faculteiten werd weer uitgebreid tot vier.

Aan het einde van de 19de eeuw werd de Karelsuniversiteit opgedeeld in een Tsjechisch en een Duits gedeelte. De Tsjechische deeluniversiteit nam de oorspronkelijke naam Univerzita Karlova weer aan en groeide uit tot een bloeiend wetenschappelijk instituut. Na de Tweede Wereldoorlog werd de Duitse deeluniversiteit afgeschaft, en kwam Univerzita Karlova onder strenge controle van de communistische regering te staan.

De Karelsuniversiteit behoort tot de grootste wetenschappelijke instituten in Tsjechië. Ze bezit nu 17 faculteiten, waarvan 14 in Praag, met in totaal bijna 44.000 studenten, waarvan 10 procent bestaat uit buitenlandse studenten die Engelstalig onderwijs volgen.

bronzen voetstuk, waar mensen die het beeld passeren met hun hand over wrijven, in de hoop op voorspoed. In Praag staan twee kerken die de naam van Jan Nepomucký dragen, beide van de hand van Kilián Ignaz Dientzenhofer.

Křižovnické náměstí

Vanaf de brug, onder de poort door richting Staroměstské náměstí, passeer je eerst Křižovnické náměstí, een nogal benauwd pleintje ingesloten tussen kerken. Links de **St. Franciscus van Assisi-kerk** (Kostel sv František z Assisi), die in 1680 gebouwd werd voor de Tsjechische Orde van de Ridders van het Kruis met de Rode Ster. Ook deze kerk wordt regelmatig gebruikt voor concerten, zoals de talloze verspreiders van reclamefolders je duidelijk zullen maken. Ernaast ligt **Galerie Křižovníků**

Het dak van de St. Salvator-kerk

Hier worden originele panelen tentoongesteld van een 15de-eeuws altaarstuk dat de stichting van de Orde verbeeldt. Dit is het interessantste onderdeel van de collectie, die verder voornamelijk uit barokke kunstwerken bestaat. Aan de overzijde staat een standbeeld van Karel IV, daterend uit de 19de eeuw. Dit beeld markeerde de 500ste verjaardag van de **Univerzita Karlova v Praze**, Europa's oudste universiteit, gesticht in 1348. De kerk tegenover de brugpoort is de **St. Salvator-kerk** (Kostel sv Salvátor), onderdeel van het Klementinum-complex.

RICHTING KLEMENTINUM

Karlova

Het krappe straatje dat naar Staroměstské náměstí leidt is Karlova. Hier stromen onophoudelijk rijen toeristen van en naar de brug. Ontsnappen kan door even op nummer 12 het **Marionet Museum** binnen te lopen. Hoewel de informatie ter plekke een beetje gebrekkig is, is de tentoonstelling van historische Tsjechische poppen interessant om te bekijken. De meeste poppen dateren van het einde van de 19de eeuw, en er staat ook een miniatuurpoppentheater uit 1933.

ℹ MARIONET MUSEUM, U Karlova 12, tel. (420) 222 220 928, www.puppetart.com. Geopend: dag. 11–18 uur.

Op een gegeven moment passeer je links de **Italiaanse kapel** (Vlašská kaple), een piepkleine barokke kapel uit de 17de eeuw, die gebruikt werd door de Italiaanse

schilders en beeldhouwers die zich ten tijde van de renaissance in Praag vestigden.
De Italiaanse kapel grenst aan de **kerk van St. Clement** (Kostel sv Kliment). Dit kleine kerkje maakt deel uit van het omvangrijke oeuvre van de familie Dientzenhofer, die de stad verrijkte met tal van barokke hoogtepunten (⌘ p. 65). St. Clement was een bisschop van Rome van 88 tot 99, die wonderen kon verrichten. Hij stierf de verdrinkingsdood toen hij, vastgebonden aan een anker, de Zwarte Zee in werd gegooid. In dit kerkje zijn indrukwekkende fresco's te zien die het levensverhaal van St. Clement weergeven.

Klementinum

Wie Karlova afloopt, passeert op een gegeven moment aan de linkerkant het Klementinum. De meeste toeristen lopen hieraan voorbij zonder te weten dat in dit enorme complex, met een rijke geschiedenis, de Nationale Bibliotheek gevestigd is. In totaal omvat het onder andere een universiteitsgebouw, de bibliotheek en vier kerken.

Gedurende de 12de en 13de eeuw functioneerde het Klementinum als het Tsjechische hoofdkantoor van de inquisitie. In de 16de eeuw namen de jezuïeten hun intrek in het gebouw; zij waren op verzoek van Ferdinand I naar Praag gekomen om de verspreiding van het katholicisme in Bohemen te ondersteunen. Zij bouwden de St. Salvator-kerk die zich aan de achterzijde van het gebouw bevindt en bouwden verder aan de 'katholieke leerstoel' die het Klementinum moest gaan worden. In 1773 was het complex eindelijk voltooid; in totaal hadden 30 huizen en enkele straten ervoor moeten wijken, wat aangeeft hoe omvangrijk het complex is. Dit is van buiten echter niet in één oogopslag te zien, daarvoor moet het complex worden betreden. De ingang ligt aan het kleine Máriánské náměstí, waaraan ook het gemeentehuis (Nová radnice) en de stadsbibliotheek liggen.

Omdat onderwijs het belangrijkste strijdwapen van de jezuïeten was, was hun bibliotheek vanzelfsprekend de belangrijkste plek van het gebouw. Het plafond van de barok gedecoreerde ruimte bevat een prachtige trompe-l'oeil die de 'drie fasen van kennis' verbeeldt. Helaas kan deze ruimte door bezoekers niet meer betreden worden, van een afstand bekijken kan wel. Boven in het gebouw bevindt zich de **Astronomische Toren** (Astronomická věž), waar tot aan 1920 het middaguur werd bepaald; wanneer de zonnestralen een bepaalde lijn op de muur passeerden werd het kasteel gewaarschuwd, waarna men met een kanonschot het uur aangaf.
De **Spiegel-kapel** (Zrcadlová kaple), aan de linkerzijde na het betreden van de binnenplaats, werd in 1725 gebouwd en daarna door Wolfgang Amadeus Mozart gebruikt als concertzaaltje. De met roze nepmarmer beklede ruimte wordt tot op heden nog steeds gebruikt voor kamerconcerten, en is ook alleen dan te bezichtigen. Tegenwoordig vindt op zondagen vaak een rommelmarkt plaats op de binnenplaats van het complex.

ⓘ KLEMENTINUM, Marianské náměstí 4, tel. (420) 221 663 111. Geopend: mrt.–apr. en nov. –dec. ma.–vr. 14–18, za.–zo. 11–18, mei–okt. ma.–vr. 14–19, za.–zo. 10–19 uur.

Franz Kafka-plein en Malé náměstí

Vanaf het gemeentehuis verder richting centrum lopend, stuit je op een zeker moment op een klein plein dat nu de naam van Franz Kafka draagt: Náměstí Franze Kafky. Hierboven ligt de wijk Josefov, die verderop aan de orde komt. Iets ten zuiden van Kafka's pleintje ligt Malé náměstí. Het bekendste gebouw aan dit plein is het **Rott Haus**, met een prachtige neorenaissancistische gevel met verschillende agrarische scènes. In 1353 werd aan dit plein de eerste apotheek van Praag geopend, op nummer 13. Op deze plek huist nu een wijnwinkel genaamd **U zlaté koruny** ('Bij de Gouden Kroon'), waar naast lokale wijnen ook veel Zuid-Amerikaanse wijnen te koop zijn. De winkel organiseert regelmatig proefdagen, die tevoren op de website worden aangekondigd (www.uzlatekoruny.eu).

STAROMĚSTSKÉ NÁMĚSTÍ

Malé namèsti leidt vanzelf naar Staroměstské náměstí oftewel het Oude Stadsplein, het bekendste plein van Praag en tevens het kloppend hart van de stad. Dit reusachtige plein heeft een oppervlakte van meer dan 15.000 m² en technisch gezien zouden er meer dan 30.000 mensen bijeen kunnen komen. Dit

Die 'andere' St. Nicolaas-kerk, bij avond

gebeurt in werkelijkheid gelukkig niet, al kan het er soms heel druk zijn, vooral rondom de beroemde klok ten westen van het plein, de Orloj. Staroměstské náměstí is het toneel van veel historische momenten in de Praagse geschiedenis geweest, en dit waren meestal niet de vrolijkste, zoals de bloederige executie van 27 protestantse leiders na de nederlaag bij Bílá Hora in 1621 (□ p. 22).

St. Nicolaas-kerk

Aan de noordwestelijke zijde van het plein staat de grote St. Nicolaas-kerk (Kostel sv. Mikuláse), niet te verwarren met die op Malostranské náměstí (zie p. 59). Deze St. Nicolaas-kerk, onmiskenbaar een barok

gebouw door de weelderige gevel, werd in zeer korte tijd gebouwd: slechts drie jaar deed Kilián Ignaz Dientzenhofer (□ p. 65) over de bouw. Het oorspronkelijke gebouw was in handen van de Duitse handelaars die zich in de 13de eeuw in Staré Město hadden gevestigd, later werd het overgedragen aan de benedictijnen, die Dientzenhofer opdracht gaven het te vervangen door de huidige kerk. Wie deze en de St. Nicolaas-kerk in Malá Strana vergelijkt ziet duidelijke overeenkomsten, maar het interieur van deze St. Nicolaas-kerk is iets minder indrukwekkend. Dit is te wijten aan het feit dat de kerk aan het einde van de 18de eeuw gesloten werd en later voor lange tijd slechts gebruikt werd als opslagplaats. Pas in 1871 werd de kerk in ere hersteld, maar het sobere interieur mist de weelderigheid van de andere St. Nicolaas-kerk: iets wat in de 20ste eeuw enigszins werd goedgemaakt met neobarokke standbeelden en muurschilderingen. Het gebouw is van buitenaf overigens pas in z'n volle glorie te bewonderen sinds het begin van de 20ste eeuw, toen een gebouw genaamd het Krenn-huis werd gesloopt; dit ontnam lange tijd het zicht op de St. Nicolaas-kerk.

ⓘ KOSTEL SV. MIKULÁŠE, Staroměstské náměstí. Geopend: ma. 12–16, di.–za. 10–16, zo. 12–15 uur.

Kinský-paleis

Rechts naast de St. Nicolaas-kerk bevindt zich de straat **Paříížská**, die naar Josefov leidt. Met de klok mee vind je aan de rechterkant het rococo Palác Kinských, halverwege de 18de eeuw gebouwd op fundamenten uit de middeleeuwen. Verantwoordelijk hiervoor was Kilián Ignaz Dientzenhofer, telg van de bekende familie van bouwers. In de 19de eeuw werd dit gebouw gebruikt als Duits gymnasium – onder anderen Franz Kafka ging hier naar school – en het was op het betonnen balkon aan de voorzijde van het gebouw dat Klement Gottwald in 1948 duizenden Tsjecho-Slowaken toesprak na de overwinning van zijn Communistische Partij. Palác Kinských is nu onderdeel van de Národní Galerie en wordt gebruikt voor wisselende tentoonstellingen van beeldende kunst.

ⓘ KINSKÝ-PALEIS, Staroměstské náměstí 12, tel. (420) 224 810 758, www.ngprague.cz. Geopend: di.–zo. 10–18 uur.

Half verscholen achter het Kinský-paleis staat de gotische **Týn-kerk** (Kostel Matky Boží před Týnem), waarvan de indrukwekkende torens de aandacht trekken. De ingang is nogal verscholen en alleen bereikbaar via de nauwe straatjes rondom.

Jan Hus-monument

Op het plein zelf kun je niet om het Jan Hus-monument (pomník Jana Husa) heen. Hus (1370–1415), predikant en een van de belangrijkste figuren uit de Tsjechische geschiedenis, verzette zich tegen de macht

Het Jan Hus-monument als middelpunt van een parade

JAN HUS, HEROÏSCH KERKHERVORMER

Jan Hus (1370–1415) was een Boheemse kerkgeleerde die wordt gezien als een voorloper van de hervorming, vanwege zijn felle kritiek op de positie van de katholieke kerk in de 14de en 15de eeuw. Hij was sterk geïnspireerd door de geschriften van de Engelse kerkhervormer John Wycliffe, die meende dat de aardse kerk geen bezittingen mocht hebben en dat de paus zich niet als hoofd van de kerk mocht profileren.

In 1402 kreeg Jan Hus een aanstelling als predikant in de Praagse Betlehemkapel, waar hij niet, zoals gebruikelijk was, in het Latijn preekte, maar in zijn moedertaal; voor die tijd een revolutionair gegeven. Hus pleitte voor het letterlijk lezen van de Bijbel en veroordeelde in de voetsporen van Wycliffe de

Een afbeelding van kerkhervormer Jan Hus

materiële rijkdom van de kerk en het morele verval van haar gezaghebbers.

Hus' opstandige gedrag maakte hem niet alleen geliefd bij de bevolking van Praag, maar ook bij koning Václav IV, die hem benoemde tot rector van de Karelsuniversiteit. Maar het mocht niet baten. Hus had het met zijn reformatisme avant la lettre zo bont gemaakt bij de paus, dat hij in 1412 geëxcommuniceerd werd. Twee jaar lang leefde Hus als een vluchteling, schuilend op de weinige adressen waar hij nog op steun kon rekenen.

In 1414 werd Jan Hus uitgenodigd zijn verhaal te komen doen in de stad Constance (nabij de huidige grens tussen Duitsland en Zwitserland), bij de top van de katholieke kerk. Er werd hem toegezegd dat hij in veilige handen zou zijn, maar dit was slechts misleiding: eenmaal gearriveerd werd hij direct gearresteerd en veroordeeld wegens ketterij.

De zesde juli 1415 is een belangrijke dag in de geschiedenis van Tsjechië: toen kwam Jan Hus om het leven op de brandstapel. Maar in tegenstelling tot wat de katholieke kerk hoopte, was de kous hiermee niet af. Amper vier jaar later brak de Hussitische Oorlog uit, die tot 1434 zou duren.

en rijkdom van de kerk. Hij moest zijn inspanningen met de dood bekopen, maar groeide na zijn dood uit tot een held. Het monument, in 1915 opgericht ter ere van de 500ste sterfdag van Hus, is van de hand van Ladislav Šaloun (1870–1946) en verbeeldt Jan Hus en een groep volgelingen op een bergtop. Hus staat geïsoleerd van de rest van de groep, als een eenzame held. Zijn rijzige gestalte richt zich naar het zuiden, mogelijk richting de **Bethlehem-ka-** pel waar hij predikant was. *Pravda vítězí* staat er op het voetstuk gegraveerd: 'De waarheid overwint'.

Stadhuis en klok

De grootste publiekstrekker op het plein is natuurlijk het Oude Stadhuis (Staroměstská radnice), met de beroemde Astronomische Klok (Orloj). Hier verzamelen horden mensen zich om de klok het hele uur te zien slaan. Dan gaan de

De 'Orloj', misschien wel de beroemdste klok ter wereld

ven de horizon, en in rood en zwart het gedeelte van de hemel dat zich onder de horizon bevindt. Het icoon dat de zon voorstelt, beweegt zich gedurende de dag over het bovenste, blauwe gedeelte van de hemel, en gedurende de nacht over het onderste gedeelte. Binnen het uurwerk zie je een ring met daarop alle sterrenbeelden, en de zwarte buitenring bevat de oude Tsjechische tijd in zwarte nummering. Deze telling begint met het cijfer 1 op het moment van zonsopgang, en werd vanaf de 14de eeuw behalve in Bohemen ook in Italië en omstreken gehanteerd.

Een hardnekkige legende vertelt dat de vermeende maker van de klok, Meester Hanuš (ook wel bekend onder de naam Jan Růže), na voltooiing van het uurwerk met een gloeiend zwaard blind werd gemaakt, om zo te voorkomen dat hij ooit voor een andere stad zo'n mooie klok zou kunnen maken. Maar Mikuláš van Kadaň en Jan Šindel, respectievelijk een klokkenmaker en een professor in de wiskunde en astronomie, hebben de klok waarschijnlijk daadwerkelijk ontworpen en gebouwd, en dat zonder gezichtsverlies.

Het Stadhuis zelf, dat er al sinds 1338 staat, werd samengesteld uit een verzameling kleine gebouwen, waarvan slechts de helft is overgebleven. Aan het einde van de Tweede Wereldoorlog werd een groot deel van het stadhuis nog door de nazi's opgeblazen, maar dat is gelukkig zorgvuldig gerestaureerd. De toren kan beklommen

luikjes boven in het uurwerk open en komen er houten beeldjes tevoorschijn die de twaalf apostelen verbeelden. Het uurwerk en de astronomische wijzerplaat dateren van het begin van de 15de eeuw, de mascottes werden een kleine eeuw later toegevoegd; de vier symbolische figuren aan weerszijden van het uurwerk werden een halve eeuw later toegevoegd. Het skelet, dat uiteraard de Dood symboliseert, slaat het uur, waarna de apostelen hun rondje doen. Onder het uurwerk bevindt zich de jaarkalender, die pas in 1870 werd toegevoegd.

Op de achtergrond van het bovenste uurwerk stelt de centrale blauwe cirkel de aarde voor, met daarboven de hemel bo-

worden en biedt dan een mooi uitzicht over het plein en de omringende straten. Voor het gebouw, in het trottoir, herinneren witte kruizen aan de protestantse leiders die na de nederlaag bij Bílá Hora werden geëxecuteerd.

ⓘ OUDE STADHUIS, tel. (420) 724 508 584. Geopend: nov.–mrt. ma. 11–17, di.–zo. 9–17, apr.– okt. ma. 11–18, di.–zo. 9–18 uur.

RONDOM TÝN

Týn-kerk

Het is jammer dat de Týn-kerk (Kostel Matky Boží před Týnem) zo verscholen staat, want de kerk is een stuk indrukwekkender dan men zo op het eerste oog kan beoordelen. Sommige van de omringende gebouwen zijn letterlijk tegen de kerkmuren aangebouwd, waardoor het onmogelijk is de kerk in haar geheel goed

Een van de kleine straatjes rondom de Týn-kerk

in je op te nemen. De twee torens van deze gotische parel steken fier de lucht in en worden 's avonds mooi verlicht. Deze kerk kwam in de 14de eeuw tot stand, onder het gezag van Karel IV, en vormde lange tijd een baken van Tsjechische trots. De laatste Tsjechische koning van Bohemen, Jiříz Poděbrad, tevens de enige Hussitische koning, voorzag de kerk tijdens zijn heerschappij van 1458 tot 1471 van een standbeeld van zichzelf met een *kalich*: de beker waarin Jezus volgens het Bijbelverhaal wijn schonk. De Hussieten hadden de kalich als mascotte geadopteerd. De Týn-kerk bleef het broeinest van de Hussieten tot de nederlaag bij Bílá Hora, waarna de kalich werd omgesmol-

ten en vervangen door een beeld van de Heilige Maria.

De ingang van de kerk is te bereiken via het straatje Týnská, schuin tegenover het Jan Hus-monument. Het barokke interieur is een erfenis uit de tijd van de jezuïeten, die de kerk in de 18de eeuw onder hun hoede namen, en vloekt nogal met het oorspronkelijke gotische karakter van de kerk. In de kerk bevindt zich de graftombe van Tyge Ottesen Brahe (1546–1601), de van oorsprong Deense 'huis-astronoom' van Rudolf II.

ⓘ TÝN-KERK, Staroměstké náměstí, tel. (420) 222 322 801. Dienst: wo.–vr. 18, za. 8, zo. 9.30 en 21 uur. De kerk opent een halfuur voor aanvang van de dienst.

Schuin tegenover de kerk staat het **Huis van de Gouden Ring** (Dům U zaltého prstenů), dat nu gebruikt wordt voor tentoonstellingen van Tsjechische kunst uit de 20ste eeuw. De collectie is verdeeld over drie verdiepingen en toont zowel werken uit de jaren twintig als collages uit de pop-artperiode. Er is bijvoorbeeld een aanzienlijke collectie van Tsjechische surrealisten als Jiří Štyrský en Josef Síma, en werk van de kubistische kunstenaar Emil Filla. Als je een goede indruk wilt krijgen van moderne Tsjechische kunst, maar geen bezoek brengt aan het reusachtige Veletržní-paleis in Holešovice (zie p. 144), kun je hier prima uit de voeten.

ⓘ DŮM U ZALTÉHO PRSTENŮ, Týnska 6, tel. (420) 224 827 022, www.citygalleryprague.cz. Geopend: di.–zo. 10–18 uur.

Het plein Týn

Naast Dům U zaltého prstenů ligt het plein Týn, ook wel bekend onder de Duitse naam 'Ungelt', wat 'geen geld' betekent.

Handgemaakte marionetten van Truhlár Marionety

Dit door muren omringde plein was één van de eerste nederzettingen bij de Vltava. In de 12de en 13de eeuw was dit een goedlopende marktplaats; daarna verhuisden de handelaren richting de burcht op de andere oever van de rivier. Aan Týn vind je leuke winkels, waaronder de grote winkel van **dr. Stuart's Botanicus** en de boekwinkel **Anagram**. Het is zeker de moeite waard om ook even binnen te lopen bij de winkel van **Truhlár Marionety**, naast Botanicus. Hier worden prachtige handgemaakte marionetten getoond, afkomstig uit het atelier op Kampa-eiland. Je vindt er ook een vestiging van **Ebel's Coffee House**, evenals een aantal restaurants aan de achterzijde. Wie doorloopt, komt uit bij een netwerk van kleine straten die richting het bekende **Obecni dům** lopen. Op de hoek van **Malá Štupartska** en **Jakubská** staat de **St. Jacobskerk** (Kostel sv Jakub Starsí), een favoriete plek voor orgelconcerten. Deze kerk had flink te lijden onder de grote brand van 1689, maar werd nadien zorgvuldig gerestaureerd, zowel vanbinnen als vanbuiten, en daarbij voorzien van enkele barokke details, zoals de kleurige fresco's binnen. De fraaie gevel en toegangspoort aan Malá Štupartska-zijde zijn niet minder indrukwekkend.

ⓘ ST. JACOBSKERK, Malá Štupartská 6, tel. (420) 224 828 816. Geopend: ma.–za. 9.30–12 en 14–16, zo. 14–16 uur.

DLOUHÁ

Als je Staroměstské náměstí in noordoostelijke richting afloopt, volg je de straat Dlouhá. Deze buurt is rustig en vol cafés, restaurants en leuke winkels. Rondom Dlouhá bevindt zich een aantal straten die samen het kloppend hart van de Praagse mode*scene* vormen. Hier heeft bijvoorbeeld de jonge Tsjechische modeontwerpster Klára Nademlýnská een goedlopende winkel aan Dlouhá 3. Verderop passeer je **Bakeshop Praha**, een van de betere lunch-

De mooi gerestaureerde gevel van de St. Jacobskerk

kar i die van 1198 tot 1230 regeerde. Anežka, de moeder-overste van het klooster, nam haar taak serieus en stond bekend als een bijzonder intelligente en toegewijde non. Het heeft lang geduurd, maar op 12 november 1989 werd Anežka eindelijk heilig verklaard door paus Johannes Paulus ii, tijdens zijn bezoek aan Praag.

Het klooster wordt nu, na een lange periode van renovatie, gebruikt als onderdeel van de 'Nationale Galerie'. Er wordt voornamelijk Boheemse kunst uit de middeleeuwen getoond. Een opmerkelijk object in de collectie is een zilveren kistje waar de schedel van Ludmila, echtgenote van Bořivoj i (zie p. 15), in zou hebben gezeten.

ⓘ ST. AGNES-KLOOSTER, U Milosrd-nÿch 17, tel. (420) 224 810 628, www. ngprague.cz. Geopend: di.–zo. 10–18 uur.

---

rooms in Praag, met tevens een bakkerij. In de straat **Vězeňská** bevindt zich een aantal Italiaanse restaurants (zie praktische informatie, p. 169). Wie Dlouhá blijft volgen, komt uiteindelijk uit bij **Roxy**, een van de oudste clubs van Praag (📖 pp. 96-97), met ernaast **Galerie NoD**. Deze galerie, opgericht in 1999, toont vooral video- en performancekunst.

St. Agnes-klooster

Vanaf Kozí verder naar het noorden langs Josefov, kom je bij het **St. Agnes-klooster** (Anežský klášter), op een steenworp afstand van de rivier. Dit was het eerste gotische bouwwerk in Praag, in 1233, en aanvankelijk bestemd voor franciscaner monniken. Het klooster werd vernoemd naar de jongste dochter van Přemysl Ota-

Betlehem-kapel

Ten zuiden van Klementinum ligt het Bethlehem-plein (Betlémské náměstí), waar de gelijknamige kapel (Betlémská kaple) staat. Vroeger was dit een van de armste wijken van Praag, en tevens een tippelzone. Maar daar is nu niets meer van te merken, het plein ligt er keurig bij. De grote blikvanger is de Bethlehem-kapel; dit was de plek waar Jan Hus van 1402 tot 1413 preekte (📖 p. 87). De mis werd in het Tsjechisch opgedragen, en niet in het Latijn zoals gebruikelijk was. Nadat Hus ter dood was veroordeeld, bleef de kapel populair, totdat de contrareformatie haar intrede deed in Bohemen. De Bethlehem-kapel was ooit de grootste kapel in Bohemen, met een capaciteit van 3000 mensen. Helaas werd ze onder de handen van de jezuïeten, en vervolgens de Habsburgers, dusdanig bewerkt dat alleen de originele buitenmuren nog overeind staan.

ⓘ BETHLEHEM-KAPEL, Betlémské náměstí 4, tel. (420) 224 248 595. Geopend: nov.–mrt. di.–zo. 10–17.30, apr.–okt. di.–zo. 10–16.30 uur.

Betlehem-plein

Rechts naast de kapel, aan de binnenplaats, bevindt zich de architectuur- en designgalerie **Jaroslava Fragnera**. In hetzelfde gebouw huist een boekwinkel met een bijzonder ruime sortering boeken en tijdschriften over architectuur en design, ook Engelstalig, en in de kelder zit het restaurant **Klub Architektů**, een van de betere restaurants van Praag.

ⓘ JAROSLAVA FRAGNERA, Betlémské náměstí 5a, tel. (420) 222 222 157, www.gjf.cz. Geopend: di.–zo. 10–18 uur.

TEMPELIER VAN LILIOVÁ

Over het verder niet zo bijzondere straatje Liliová bestaat een mooie legende: die van de 'Tempelier van Liliova'. In Celetná, de straat die het Oude Stadsplein verbindt met de Kruittoren, stond ooit een klooster voor tempeliers. Een van de ridders die daar leefden, pleegde ooit een misdaad zo bruut, dat hij erna onthoofd werd. Zijn geest kon echter geen rust vinden en nu verschijnt hij, aldus de legende, elke vrijdag in Liliová, zittend op een wit paard met zijn hoofd onder zijn arm. Ter hoogte van het huis U Červené židle zijn dan de vonken te zien die veroorzaakt worden door het nerveuze getrappel van de paardenhoeven. Wie moedig genoeg is om het paard bij de teugels te vatten en de ridder een zwaard door het hart te steken, kan hem uit zijn lijden verlossen. Wie op vrijdag het postkaartenmuseum bezoekt is dus gewaarschuwd.

Schuin tegenover de kapel staat het **Náprstkovo Museum**, opgericht door Vojta Náprstek. Deze aanhanger van het 19de-eeuwse nationalisme had twee grote passies die elkaar nogal beten: moderne technologie en primitieve culturen. Die eerste passie zette hij om in een Nationaal Technisch Museum (zie p. 142); de primitieve objecten die hij in de loop der tijd verzamelde, zijn hier te zien. Het museum zelf was vroeger de familiebrouwerij van de Náprsteks. De vaste collectie wordt op de eerste verdieping tentoongesteld, waar het skelet van een walvis aan het plafond prijkt, de begane grond biedt plaats aan tijdelijke exposities.

ⓘ NÁPRSTKOVO MUZEUM, Betlémské náměstí 1, tel. (420) 224 497 500, www.aconet.cz/npm/. Geopend: di.–zo. 10–18 uur.

Liliová

In het kleine straatje Liliová, tegenover het Náprstkovo Museum, bevindt zich het **Muzeum pohledů**, een 'familiemuseum', dat een kleine tentoonstelling van postkaarten uit de periode 1870–1930 herbergt. Het huis waarin het museum is gevestigd, droeg vroeger de naam U Červené židle ('Bij de Rode Stoel'). De verzorgde website biedt een mooi overzicht van de collectie.

ⓘ MUZEUM POHLEDŮ, Liliová 4, tel. (420) 222 222 519, www.muzeumpohledu.cz. Geopend: di.–zo. 10–19 uur.

Van Betlehem-plein richting Vltava

Wie besluit richting de rivier te lopen via Betlémská passeert aan de linkerzijde **Antikvariát Ztichlá klika**, een van de beste antiquariaten van de stad, met tevens een galerie (zie praktische informatie, p. 168). Op de hoek van **Konviktská** en **Karoliny Světlé** staat een van de drie romaanse *rotundas* die Praag rijk is: de **Rotunda van het Heilige Kruis** (Rotunda sv. Kříže). Dit prachtige kleine gebouwtje uit de 11de

Antikvariát Ztichlá klika

selec' van de Tsjechische kunstenaar David Černy (⃞ p. 94).

De **St. Giles-kerk** (Kostel sv. Jiljí) aan Husova oogt aan de buitenkant als de zoveelste gotische kerk, maar het interieur is één en al 18de-eeuwse overdaad.

De *pivnice* op Husova 17, genaamd **U zlatého tygra** ('Bij de Gouden Tijger'), was de stamkroeg van de Tsjechische schrijver Bohumil Hrabal (⃞ pp. 136-137). Helaas hebben toeristen hier nu de overhand. De gevel wordt versierd door een prachtig ornament van, zoals de naam al verraadt, een gouden tijger.

eeuw werd geheel rond gebouwd, om ervoor te zorgen dat de duivel geen hoek kon vinden om zich in te verbergen. Karoliny Světlé is een leuke, rustige straat die parallel aan de Vltava loopt. Aan deze straat vind je winkels, restaurants en het gezellige café **Duende**, waar kunstenaars, schrijvers en bohemiens bijeenkomen.

Parallel aan Konviktská loopt de straat **Bartolomějská**, waar de grimmige sfeer voornamelijk bepaald wordt door het grauwe gebouw aan de zuidkant. Hier huisde in de donkere dagen van het communistische regime het verhoorcentrum van de geheime politie, de Státni bezpečnost ('StB.').

RICHTING KAROLINUM

Husova

Vanaf Betlémské náměstí leidt een labyrint van straatjes uiteindelijk naar het gebied rondom Karolinum. Wie de straat **Husova** inslaat, moet direct even omhoog kijken: boven de straat hangt de sculptuur 'Vi-

David Černy's 'hangende man'

DAVID ČERNY

David Černy's visie op de Heilige Wenceslas

Op verschillende plekken in Praag zijn beelden te vinden van de Tsjechische kunstenaar David Černy. Černy (1967) werd in zijn geboortestad in één klap beroemd en berucht vanwege de controversiële tank op Náměstí Kinských, die hij in 1991 roze spoot (□ p. 74). Voor deze daad werd David Černy kort gevangengezet vanwege 'burgerlijke ongehoorzaamheid'. De beeldhouwer is onder andere ook verantwoordelijk voor de zwarte baby's die over de Žižkov TV-toren kruipen (zie p. 133) en voor het beeld van Václav I die op zijn ondersteboven hangende paard zit in de winkelpassage Lucerna.

Černy's werk wordt gekenmerkt door mystificatie, en hij schept er genoegen in zijn publiek wakker te schudden en op het verkeerde been te zetten. In 2005 liet de kunstenaar van zich horen op de 'Prague Biennale', waar hij een met formaldehyde gevulde tank met een levensecht beeld van Saddam Hussein erin tentoonstelde: een parodie op de kunstwerken van de Brit Damien Hirst, waarin dieren op sterk water werden gezet. Behalve beeldhouwwerken maakt de Tsjechische kunstenaar, die bestempeld kan worden als een 'cultureel activist', ook muziek en films.

Kruittoren

Door het zuidelijke gedeelte van Staré Město loopt de *králová cesta*, de 'bekroningsroute'. Deze route liep van de burcht in Hradčany, via de Karelsbrug, tot aan de Kruittoren (Prašná brána) aan het einde van de straat Celetná. Het waren de Přemysliden die deze route bepaalden, waarna elke koning deze route volgde, tot 1836. In dat jaar werd de Habsburger Ferdinand IV tot keizer gekroond en hij was de laatste die nog de moeite nam om daarvoor naar Praag af te reizen. Deze van oorsprong koninklijke route is nu royaal voorzien van winkels en cafés die zich geheel en al richten op de alomtegenwoordige toerist. Ontsnappen is echter makkelijker dan het lijkt; je hoeft maar een zijstraat in te schieten om vervolgens je wandeling in alle rust voort te zetten.

Het kleine pleintje Uhelný trh, op een steenworp afstand van Husova, grenst aan de straat Havelska, waar dagelijks een markt is (zie p. 77). Wie deze straat blijft volgen, kruist het drukke Melantrichova, waar op nummer 5 het **Wassen-**

beeldenmuseum (Muzeum Voskových Figurín) is gevestigd. Wie enigszins op de hoogte is van de geschiedenis van de Tsjechische Republiek kan veel plezier beleven aan dit museum, dat ook een afdeling heeft met 'grote namen' uit de communistische tijd, van Lenin tot Klement Gottwald.

ℹ️ WASSENBEELDENMUSEUM, Melantrichova 5, tel. (420) 224 229 852, www.waxmuseumprague.cz. Geopend: dag. 9–20 uur.

Vanuit Havelska loop je vanzelf tegen de **Havel-kerk** aan (Kostel sv. Havel). Deze barokke parel werd vernoemd naar een Ierse monnik (St. Gall) en werd in de 13de eeuw gebouwd voor de Duitse gemeenschap van Praag. De prachtige kerk kan helaas niet worden bezichtigd. Achter de Havel-kerk ligt het **Karolinum**, het hoofdgebouw van de Karelsuniversiteit ([] p. 82). Dit gotische bouwwerk is het oudste nog in gebruik zijnde universiteitsgebouw in Europa; het stamt uit 1348. Van binnen is het gebouw grotendeels gemoderniseerd, maar van buiten is het nog steeds een schoolvoorbeeld van gotiek; let bijvoorbeeld op de erker.

In de 18de eeuw werd tegenover het universiteitsgebouw het groen-witte theater **Stavovské divadlo** gebouwd; misschien wel het mooiste neoclassicistische gebouw in Praag. Dit theater is bijna een bedevaartsoord voor Mozartfans, want hier gingen zijn opera's *Don Giovanni* en *La Clemenza di Tito* in première. Buiten staat een beeld dat hieraan herinnert.

De Havel-kerk

MUZIEK IN PRAAG

Bezoekers van Praag hoeven nooit te vrezen voor een saaie avond: wie na een dag wandelen op de kinderkopjes nog steeds geen vermoeide benen heeft, kan de hele avond en nacht doorgaan. In de stad zijn enorm veel cafés te vinden, 'pubs' (*pivnice*), die tot diep in de nacht open zijn, ook op doordeweekse dagen. Praag kent veel clubs waar vrijwel altijd livemuziek te horen is en er zijn ook verschillende jazzclubs, vooral in en rond het oude centrum. De wijk Žižkov staat bekend om z'n grote café-dichtheid. Discotheken en andere dansgelegenheden vind je vooral in Staré Město, Nové Město en Vinohrady.

Ook buiten de verschillende jazzclubs en concertzalen is Praag gevuld met muziek, zoals hier aan de voet van de kasteelburcht.

Jazz

Praag kent een lange jazztraditie die teruggaat tot de jaren dertig van de vorige eeuw. Onder het communisme was jazz, evenals rock, verboden: muzikanten traden in het geheim op en jazzplaten werden onder de toonbank verkocht en verspreid. Nu lijkt het of er op elke straathoek in de wijk Staré Město jazzclubs zitten, die overigens niet allemaal even goed zijn. Over het algemeen staan er veel Tsjechische jazzbands op de podia, maar sommige clubs trekken ook regelmatig artiesten uit het buitenland aan. In het hoogseizoen zijn er elke avond verschillende jazzconcerten, wat de keuze soms moeilijk maakt.

Het **AghARTa Jazz Centrum**, op een steenworp afstand van het Oude Stadsplein, is een bekende jazzclub en één van de beste waar het gaat om moderne jazz. Hier komen niet alleen toeristen; ook de lokale bevolking strijkt er regelmatig neer, wat zorgt voor een prettig gemixt publiek. De jazzclub **Reduta** in Nové Město is vooral bekend vanwege het feit dat oud-president Bill Clinton er eens op zijn saxofoon heeft geblazen. De prijzen zijn er hoog, zeker voor Tsjechische begrippen, maar de kans op bekende acts is niet gering. Hetzelfde geldt voor **Ungelt Jazz & Blues Club**. Aan de andere zijde van de rivier, in Malá Strana, vind je **U Malého Glena**. Deze eigenlijk veel te kleine jazzclub programmeert vaak heel goede bands van eigen bodem.

Rock en pop

In het centrum van Praag vind je enkele rockclubs die, letterlijk, ondergronds zijn. Zo is er de **Lucerna Great Hall**, in de gelijknamige winkelpassage waar ook een bioscoop is. Hier spelen veel grote internationale bands die Praag aandoen. Het interieur

Jazzcafé

van de zaal is bijzonder sfeervol door de marmeren trappen en houten vloeren. De nabijgelegen **Lucerna Music Bar** is kleiner en programmeert vooral de wat kleinere rock- en bluesbands. Op vrijdagavond is hier ook wel eens discoavond in de meest kitscherige zin des woords. Dicht bij de Vltava, nabij het sfeervolle Café Louvre ligt het – eveneens ondergrondse – **Rock Café**, dat direct na de Fluwelen Revolutie een toonaangevende club in Praag was. De bekendste, en populaire, club in het centrum is nu de **Roxy**. Ook hier gaat men onder de grond en in de verschillende zalen zijn allerlei soorten muziek te vinden. De laatste jaren wordt de Roxy vooral gedomineerd door *dance acts*, maar er spelen ook livebands.

Tot slot moeten liefhebbers van het wat alternatieve circuit zich absoluut naar de wijk Žižkov begeven. In deze wijk staat het **Akropolis**, het kloppend hart van indierock in Praag. Veel tourende rockbandjes spelen in de bijzondere grote zaal, een voormalige bioscoop. Akropolis heeft ook een café en een restaurant in hetzelfde pand.

Klassiek

Voor een opvoering van Antonio Vivaldi's *Vier Jaargetijden* of een meesterwerk van de Tsjechische componist Antonín Dvořák hoef je in Praag zeker niet ver te zoeken. Loop de eerste de beste kerk binnen en de kans is groot dat er die avond een klassiek stuk wordt opgevoerd. Op straat struikel je in het centrum over de mensen die je flyers van deze concerten in de handen drukken. Liefhebbers van klassieke muziek hebben geluk als zij de stad in de lente bezoeken: jaarlijks begint in mei het **Prague Spring festival** (www.festival.cz); het inmiddels 60 jaar oude festival zorgt telkens weer voor een keur aan bands die door de hele stad spelen. Het is een van de grootste muziekevenementen van Praag.

De voornaamste concertzalen voor klassieke muziek bevinden zich in het **Representatie-huis** (zie p. 118) en in het **Rudolfinum** (zie p. 107). Binnen in het prachtige Representantenhuis bevindt zich de grote Smetana-hal, thuisbasis van het Praags Symfonieorkest. Het Rudolfinum werd eind 19de eeuw speciaal gebouwd voor grote orkesten, en het prachtige neoclassicistische interieur draagt absoluut bij aan de sfeer. De grootste zaal in het Rudolfinum werd vernoemd naar Antonín Dvořák.

Opera

Liefhebbers van opera kunnen zich verheugen op een bezoek aan het Nationale Theater. Dit schitterende gebouw opende in 1883 met de première van *Libuše*, de beroemde opera van de Tsjechische componist Bedřich Smetana. De meeste opera's die in dit theater worden opgevoerd zijn van Tsjechische bodem, al worden er jaarlijks ook wel enkele internationale producties en balletvoorstellingen uitgevoerd. De **Staatsopera** in de buurt van het Wenceslasplein was vroeger een van de betere Duitse operahuizen buiten Duitsland. Inmiddels is dit theater niet zo populair meer, al worden de internationaal bekendste opera's hier nog steeds regelmatig opgevoerd. Mozarts *Don Giovanni* wordt gedurende de zomer altijd opgevoerd in de stad; er wordt fanatiek reclame voor gemaakt.

Zie voor adressen de praktische informatie, p. 170.

5

Josefov, de beroemde Joodse wijk

Aan de oostelijke oever van de Vlta-va begon zich al in de 12de eeuw een Joodse wijk te vormen. Het hart van deze wijk was de plek waar nu de Oude-Nieu-we synagoge (Staronová synagoga) staat. Het 'getto' waar de Joden in leefden – het gebruik van dat woord deed pas veel la-ter zijn intrede – was daadwerkelijk om-muurd en zo van de andere wijken afge-scheiden.

Joden in Praag

In 1262 kregen de Joden recht op hun ei-gen religie en burgerlijke administratie, dankzij de Statuta Judaeorum van koning Otakar II. Hoewel de Joden vanaf dat mo-ment een bepaalde 'bescherming' geno-ten van de koning, werden deze statuten door sommige opvolgers van Otakar II eer-der gebruikt als middel tot afpersing. In de 14de en 15de eeuw hadden de Joden in Praag flink te lijden onder pogroms; zo werden er in 1389 zo'n 3000 Joden ver-moord tijdens het paasfeest, een buitenge-woon tragische gebeurtenis die herdacht wordt tijdens Jom Kipoer. De aanvankelijk genoten 'koninklijke bescherming' nam in de loop van de 15de eeuw sterk af, waarbij de katholieken de macht over de stad ver-overden.

Onder Rudolf II, die in 1575 zijn vader op-volgde als keizer van het Heilige Room-se Rijk, was er sprake van een periode van economische en culturele bloei voor Praag, dat de hoofdstad van het rijk werd. De Joodse gemeenschap groeide in deze tijd uit tot zo'n 10.000 leden. De minis-ter van Financiën onder Rudolf II, Morde-

Rabbi Löw en de Golem

cai Maisel, was een Jood; de meest invloed-rijke en welvarende Jood van Bohemen. Dankzij zijn financiële steun werd de Joodse wijk voorzien van fatsoenlijke in-frastructuur, een raadhuis en verschillen-de synagogen. Het was daadwerkelijk een gouden tijd en uit deze periode stammen ook de talrijke legendes over Josefov, on-der andere die van rabbi Löw en zijn Go-lem (📖 p. 101). De voorspoed hield enige tijd aan in Praag.

Keizer Joseph II, die aan het einde van de 18de eeuw regeerde, deed zijn best de Jo-den te bevrijden van de talrijke restricties die zij in de loop der tijd opgelegd hadden gekregen; als dank besloot de Joodse ge-

◀ *Een blik op het Joodse getto rond 1890*

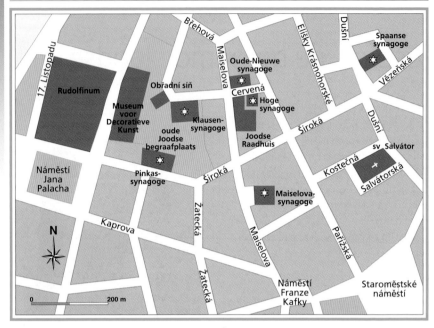

Josefov

meenschap de wijk naar hem te vernoemen.

Aan het einde van de 19de eeuw, tijdens een periode van grote welvaart voor de Habsburgers, werd besloten dat de stad Praag getransformeerd moest worden tot een mooie, bourgeois stad; Parijs diende daarbij als voorbeeld. Cruciaal voor deze metamorfose zou de sanering van het getto zijn, zoals de Joodse wijk Josefov inmiddels werd aangeduid. In 1893 werd daarmee begonnen; het labyrint van kleine straatjes en steegjes ging tegen de vlakte en werd vervangen door luxe huizenblokken van vijf verdiepingen hoog, met stralende art-nouveaugevels. De oorspronkelijke bewoners, naast Joden ook veel zigeuners, moesten elders in de stad hun heil zoeken. Dit hele proces maakte een einde aan de hechte Joodse gemeenschap die bijna 1000 jaar in de wijk had gewoond.

Tijdens de Tweede Wereldoorlog bleef dat resterende gedeelte van het getto opmerkelijk genoeg door Adolf Hitler zelf behouden. De nazi's wilden er een 'exotisch museum van een uitgestorven ras' oprichten. Hiervoor werden Joodse kunstvoorwerpen van over de hele wereld verzameld; een krankzinnig feit dat verklaart waarom de Joodse synagogen hier nu zulke omvangrijke tentoonstellingen hebben.

Hedendaags Josefov

Josefov ligt midden in Staré Město, ingeklemd tussen het Oude Stadsplein (Staroměstské náměstí) en de Vltava. De straat Pařížská doorkruist het hart van de wijk; een brede avenue met veel winkels en cafés. Parallel hieraan loopt de straat waaraan de meeste synagogen liggen: Maiselova, vernoemd naar Mordecai Maisel. Josefov 'verwerkt' per jaar ongeveer 1 miljoen toeristen; een ongelofelijk aantal dat direct verklaart waarom vrijwel de hele wijk vergeven is van winkeltjes met vaak wat dubieuze 'Joodse souvenirs'. Wie echt iets van kwaliteit wil kopen, kan dit beter doen in een synagoge.

HET 'MONSTER' VAN HET JOODSE GETTO

De legende van de Golem kent verschillende versies. Het oorspronkelijke verhaal is zo oud als de Talmoed zelf, en gaat over een tot leven gewekt wezen, gemaakt van modder. De bekendste Golem-verhalen stammen uit de 16de eeuw. In deze tijd, toen keizer Rudolf II aan de macht was in Praag, werkten veel Joden als alchemisten rondom de burcht, en behalve met het maken van goud uit metaal, wijdden zij zich ook aan heel andere dingen. Er circuleerden in die tijd verschillende 'recepten' voor het maken van een Golem.

In een van de mooiste versies van de legende gaat het over rabbi Löw (Juda Löw ben Betsabel) die in de Joodse wijk leefde van 1520 tot 1609. De rabbi was erg begaan met het lot van de inwoners van Josefov en bekommerde zich om hun veiligheid. Hij herinnerde zich het verhaal van de Golem, een levende pop van klei, en besloot zelf zo'n 'dienaar' te maken. Hij haalde de benodigde klei uit de rivier en maakte samen met drie helpers de Golem, volgens de aan-

'Der Golem' in de stoep voor het gelijknamige restaurant

wijzingen in de kabbala. Het werkte: de Golem kwam tot leven en rabbi Löw had zijn dienaar. Hij schreef *Emet* op zijn voorhoofd, het Hebreeuwse woord voor 'Waarheid'.

Om de Golem tot leven te wekken stopte de Rabbi elke dag een briefje in zijn mond, met daarop de onuitsprekelijke naam van God. De Golem volbracht zijn taken en zodra de rabbi 's avonds het briefje verwijderde, werd hij weer een levenloze homp klei. Maar in de loop van de tijd nam de kracht van de Golem buitensporige proporties aan. Hij begon zijn leefomgeving te vernietigen en de mensen om hem heen aan te vallen. Radeloos verzocht de keizer rabbi Löw uiteindelijk om de Golem om te brengen, in ruil daarvoor de Joden meer bescherming biedend. De rabbi ging akkoord; hij wendde zich tot zijn monster en veegde van het woord *Emet* de eerste letter weg. Het woord *met*, 'dood', bleef staan, en de Golem werd vernietigd.

Een iets andere versie verhaalt over een op hol geslagen Golem die uiteindelijk met het briefje in zijn mond bleef rondlopen en niet meer tot bedaren kon worden gebracht. De enige die een oplossing wist, was de dochter van de rabbi. Abigail, die stiekem verliefd was op de Golem, gaf hem een tongzoen en wist hem zo het briefje te ontfutselen. De Golem zakte ineen en de Joodse wijk was gered.

De Duitstalige Tsjech Gustav Meyrink publiceerde in 1915 de roman *Der Golem*, waarin hij een versie van de legende gebruikte als een metaforische aanklacht tegen de groeiende mechanisatie van die samenleving. Zijn boek werd later ook verfilmd (zie p. 136).

In de Joodse wijk Josefov, in de straat Maiselova, is een restaurant gevestigd genoemd naar de Golem. Op de stoep voor de ingang is een Golem te zien; niet van klei, maar van keurige straatsteentjes.

ℹ️ **SYNAGOGEN.** Alle synagogen (op de Oude-Nieuwe synagoge na) en de oude Joodse begraafplaats zijn te bezichtigen met één ticket, dat te koop is bij elke synagoge en de verschillende ticketkantoortjes. Het is één dag geldig. Een uitgebreide tentoonstelling over de geschiedenis van de Joden in Bohemen en Moravië tot aan heden is verspreid over de verschillende gebouwen. In principe houden alle gebouwen dezelfde openingstijden aan: apr.–okt. zo.–vr. 9–18, nov.–mrt. zo. –vr. 9–14.30 uur. Voor meer informatie: www.jewishmuseum.cz.

Oude-Nieuwe synagoge

De Oude-Nieuwe synagoge (Staronová synagoga) dankt z'n aparte naam aan het feit dat hij, toen hij rond 1270 werd gebouwd, heel nieuw was, maar inmiddels de oudste nog in gebruik zijnde synagoge van heel

Oude-Nieuwe synagoge

Europa is. Dit massief stenen, gotische gebouw doet nog steeds dienst voor de orthodox-Joodse gemeenschap van Praag. Omdat de Joden vroeger niet zelf mochten bouwen, is deze synagoge waarschijnlijk tot stand gekomen dankzij de franciscanen die het nabijgelegen **St. Agnes-klooster** aan het bouwen waren (zie p. 91). De stenen gevel van de synagoge is zeer sober, bijna saai om te zien, en de opmerkelijke dakgevel is gemaakt van eenvoudige bakstenen in de vorm van zaagtanden. Deze synagoge vormt een duidelijk contrast met de andere, rijkelijk gedecoreerde synagogen in Josefov.

Om deze synagoge te bezoeken heb je een apart toegangsbewijs nodig; hiermee kun je ook de Jubilejní-synagoge in Nové Město bezoeken. Binnen in de synagoge zijn mooie details te ontdekken, zoals de gedecoreerde spitse timpaan boven de deur naar de hal: de twaalf druiventrossen die aan de kronkelende takken van de wijnstok hangen symboliseren de twaalf stammen van Israël. De hal zelf wordt grotendeels in beslag genomen door de *bima*: een podium omringd door een ijzeren constructie.

ℹ️ OUDE-NIEUWE SYNAGOGE, Červená 2. Geopend: nov.–mrt. ma.–do. en zo. 9.30–17, vr. 9.30–14, apr.–okt. ma.–do. en zo. 9.30–18, vr. 9.30–17 uur.

Joodse Raadhuis

Ten zuiden van de Oude-Nieuwe synagoge staat het Joodse Raadhuis (Židovská radnice). Dit was een van de gebouwen die in de 16de eeuw tot stand kwamen dankzij de financiële hulp van Mordecai Maisel, al had het toen een veel soberder gevel. Bij een grote brand in 1689, die de gehele stad trof, werden zo'n 300 huizen en een aantal synagogen, waaronder deze, verwoest. Het raadhuis werd enkele jaren later herbouwd en voorzien van de lichtroze barokgevel. Aan de noordzijde van de gevel zie je twee klokken, waarvan er één Hebreeuwse nummers draagt; de wijzers van deze klok lopen in tegengestelde richting. Tijdens de Tweede Wereldoorlog zetelden hier de leden van de Tsjechische Joodse Raad, die de nazi's moesten assisteren bij de registratie van alle Joden in Bohemen en Moravië. Het gebouw doet nu dienst als raadhuis; tevens is er een koosjer restaurant.

Naast het raadhuis staat de **Hoge synagoge** (Vysoká synagoga), die van de buitenkant nogal grauw oogt, maar van binnen rijkelijk gedecoreerd is. Deze synagoge wordt voor religieuze diensten gebruikt en is helaas niet open voor publiek.

Maiselova-synagoge

Maiselova-synagoge

De neogotische Maiselova-synagoge (Maiselova synagoga) werd, zoals de naam al doet vermoeden, geheel en al door Mordecai Maisel opgericht en gefinancierd. In de gevel is nog een fragment van een inscriptie terug te vinden van een Italiaans-Joodse dichter, die de vele goede daden van Maisel prees en besloot met de woorden '... moge deze synagoge nimmer afgebroken worden'. Het zal geen verrassing zijn dat deze synagoge van binnen prachtig gedecoreerd was. Ook hier sloeg de brand van 1689 ongenadig hard toe en de synagoge werd twee jaar later in een iets vereenvoudigde vorm herbouwd. Het is nu geen synagoge meer, maar een **tentoonstellingsruimte** die de geschiedenis van de Tsjechische Joden tot aan 1871

weergeeft. Ook is er een interessante collectie met zilveren objecten, waaronder kronen.

ⓘ MAISELOVA-SYNAGOGE, Maiselova 10, tel. (420) 224 819 456.

Pinkas-synagoge

Wie vanaf hier richting de Joodse begraafplaats loopt, passeert aan de linkerzijde het straatje Široká, waaraan de Pinkas-synagoge (Pinkasova synagoga) ligt. In 1530 werd deze synagoge speciaal gebouwd voor de familie Horowitz, een invloedrijke familie die vanaf de 15de eeuw in Praag woonde. Het gebouw is zo vaak herbouwd en gerestaureerd dat men de tel is kwijtgeraakt. In 1958 werd deze synagoge veranderd in een monument voor de 77.297 Tsjechische Joden die tijdens de Tweede Wereldoorlog om het leven kwamen, maar amper tien jaar later werd het gebouw gesloten en bleef dat twee decennia lang. Inmiddels is de Pinkas-synagoge gelukkig weer open voor publiek. De muren in dit gebouw zijn beschreven met de namen van de slachtoffers: het enige wat nog rest van het oorspronkelijke interieur is de bima op de begane grond, omringd door een prachtig gietijzeren traliehck. Bovon io er een tentoonstelling te zien van kindertekeningen uit het Tsjechische doorvoerkamp Terezín. De Pinkas-synagoge is als geheel een bijzonder indrukwekkend monument dat zeker niet mag worden overgeslagen.

ℹ PINKAS-SYNAGOGE, Široká 3, tel. (420) 222 326 660.

Toeristen achter de oude Joodse begraafplaats

Oude Joodse begraafplaats

Vanaf de Pinkas-synagoge kun je vrijwel direct doorlopen naar de oude Joodse begraafplaats (Starý židovský hřbitov). In het Hebreeuws wordt deze plek *beit hayyim*, 'huis van het leven', genoemd. Deze begraafplaats kwam in de 15de eeuw tot stand en werd gebruikt tot aan 1787. Tegen die tijd lagen er naar schatting zo'n 100.000 mensen begraven, soms letterlijk op elkaar. Je zult je er enorm verbazen over de kleine ruimte waarin de grafstenen over elkaar heen buitelen. De opmerkelijke krapte van de begraafplaats geeft indirect ook weer hoe klein de leefruimte was van de bewoners van Josefov.

Om de tombes te beschermen tegen de talloze toeristen die de begraafplaats bezoeken, zijn ze afgeschermd met touwen; het is dus niet mogelijk tussen de graven door te lopen. Op drukke momenten schuifelen de bezoekers voetje voor voetje achter elkaar aan over de smalle paden, maar wie het geluk heeft de begraafplaats op een wat rustiger moment te bezoeken, kan op zijn gemak de stenen wat beter bekijken. Het oudste graf dateert van 1439 en behoort toe aan een dichter genaamd Avigdor Karo, die de pogrom van 1389 overleefde. Ook rabbi Löw, bekend van de mythe van de Golem (⊔ p. 101), ligt hier begraven; hij overleed in 1609.

Ceremoniehal en Klausen-synagoge

Direct links na het verlaten van de begraafplaats is het neorenaissancistische Obřadní síň, de Ceremoniehal. Hier is een interessante tentoonstelling te zien over Joodse gebruiken bij ziekte en dood. In hetzelfde pand huist de **Klausen-synagoge** (Klausova synagoga). Ook deze synagoge moest na de brand eind 17de eeuw herbouwd worden. Hier is eveneens een deel van de tentoonstelling over de geschiedenis van de Joden te zien. Vanaf de Joodse begraafplaats kun je de mooie gevel van deze synagoge boven de grafstenen zien uitrijzen; let op het stenen beeld van de Tien Geboden op het dak, uitgevoerd in zwart en goud.

ⓘ CEREMONIEHAL en KLAUSEN-SYNAGOGE, U stereo hřbitova 3A, tel. (420) 222 310 302.

Spaanse synagoge

Iets verder weg van de andere synagogen, aan het einde van de straat Široká, ligt de Spaanse synagoge (Španělská synagoga). Deze dankt zijn naam aan het Moorse interieur. Het interieur is werkelijk adembe-

Koepel van het Moorse interieur van de Spaanse synagoge

nemend mooi en lijkt in niets op dat van een sober gebouw als bijvoorbeeld de Staronová synagoga. De Spaanse synagoge is vrij nieuw; de bouw ervan werd gestart in 1868. Op deze plek stond eerst een oude synagoge genaamd de 'Oude School' (*Alt Shul*). Deze raakte aan het einde van de 18de eeuw in onbruik en werd uiteindelijk afgebroken. De Tsjech Vojtěch Ignác Ullmann was verantwoordelijk voor het ontwerp van de nieuwe synagoge die op de plek van de 'Oude School' zou verrijzen. Ullmann was in de 19de eeuw een populaire architect die ook een deel van het Nationale Theater aan de oever van de Vltava bouwde.

In de Spaanse synagoge kom je ogen tekort: elke centimeter is rijkelijk gedecoreerd in typisch Moorse stijl, met donkere kleuren rood en groen, en veel goud.

De tentoonstelling in deze synagoge omvat de geschiedenis van de Joden van 1871 tot aan de Holocaust en besteedt aandacht aan Joodse schrijvers in Tsjechië. Ook worden er foto's getoond die laten zien hoe het oude Joodse getto er vóór de 'sanering' van 1893 uitzag.

Op de bovenverdieping, in een aparte ruimte, is een verzameling van meer dan 6000 zilveren kunstvoorwerpen te zien, voornamelijk afkomstig uit Tsjechië, maar ook uit omringende landen. Het zijn objecten die een rol spelen in het religieuze en sociale leven van het Joodse volk: zo is er een mooie verzameling zilveren kronen, Thora-rollen en sabbatkandelaars, maar ook huishoudelijke voorwerpen. Mocht de balkondeur op deze verdieping open staan, dan heb je vanaf hier een mooi uitzicht op het pleintje voor de syna-

BEKENDE TSJECHEN IN DEN VREEMDE

Wist je dat de volgende bekende persoonlijkheden oorspronkelijk uit Tsjechië komen?

Madeleine Albright

De als Marie Jana Körbelova geboren Albright emigreerde op dertienjarige leeftijd naar Amerika. Zij was de allereerste vrouw die de functie van minister van Buitenlandse Zaken in de VS bekleedde, tijdens het presidentschap van Bill Clinton van 1997 tot 2001. Albright werd geboren in de Praagse wijk Smíchov. Zij is ooit gevraagd Václav Havel als president op te volgen na zijn aftreden in 2003, maar deze positie sloeg zij beleefd af.

Madeleine Albright

Eva Herzigová

Na het winnen van een van de talrijke schoonheidswedstrijden die er in Praag worden gehouden, verhuisde de 16-jarige Eva Herzigová naar Parijs om een modellencarrière te beginnen. In de jaren negentig was ze supermodel; ze werd bekend als het gezicht van de populaire Wonderbra. Zoals het een echt model betaamt, maakte Herzigová ook een uitstapje naar de film: in *Modigliani* (2004) speelde ze de rol van Olga, de vrouw van Pablo Picasso.

Eva Herzigová

Oskar Kokoschka

De in Praag geboren Kokoschka (1886–1980) begon al op jonge leeftijd met schilderen. Later kreeg hij les van de beroemde Weense kunstenaar Gustav Klimt, die hem 'het grootste talent van zijn generatie' noemde. Kokoschka was lid van het expressionistische kunstenaarscollectief *Der Blaue Reiter* en ontpopte zich tot een bekend avant-gardekunstenaar van de vroege 20ste eeuw. Zijn schilderijen hangen in musea over de hele wereld.

Martina Navrátilová

Martina Navrátilová is een van de meest succesvolle tennissters aller tijden; zij won tijdens haar carrière maar liefst 59 grandslamtitels. Haar eerste toernooi speelde ze op achtjarige leeftijd, en negen jaar later was ze de beste tennisspeelster van Tsjecho-Slowakije. De communistische regering stond haar niet toe om toernooien in de Verenigde Staten te spelen; Navrátilová reisde in 1975 echter toch af naar de US Open en vroeg direct daarna asiel aan. Martina Navrátilová was een van de eerste topsporters die openlijk uitkwamen voor hun homoseksualiteit. Na een korte comeback in 2004 nam zij in 2006 definitief afscheid van het professionele tennis.

Ivana Trump

Dit voormalige fotomodel, geboren als Ivana Marie Zelníčková, is bekend geworden door haar huwelijk met de Amerikaanse vastgoedmagnaat Donald Trump. Weinigen weten echter dat zij in 1968 deel uitmaakte van het olympische skiteam van Tsjecho-Slowakije. Ivana werd geboren in de bekende industriestad Zlín, studeerde in Praag en verliet haar geboorteland in 1975. Na een veelbesproken huwelijk met Trump scheidde zij in 1991 van hem, waarbij zij meer dan 30 miljoen dollar van haar ex-man losweekte.

goge, waar het 'standbeeld' van Franz Kafka staat. Dit opmerkelijke beeld zou Kafka zelf voorstellen, zittend op de schouders van een reus zonder hoofd en armen. Het idee hiervoor zou zijn ontleend aan Kafka's verhaal *Beschreibung eines Kampfes* ('Beschrijving van een worsteling').

ⓘ SPAANSE SYNAGOGE, Vězeňská 1, tel. (420) 222 326 660.

RUDOLFINUM

Rudolfinum

Helemaal aan de andere kant van Josefov, aan de oever van de Vltava, schittert het Rudolfinum. Dit is één van de gebouwen die in een periode van oplevend 'Tjechisch nationalisme' gebouwd werden. In het Rudolfinum huist zowel een galerie als een grote concertzaal; hier treedt het Tsjechisch Filharmonisch Orkest op.

In 1938 werd het Rudolfinum gesloten door de nazi's. Het feit dat één van de standbeelden aan de balustrade de Joodse componist Mendelssohn voorstelde, was hun een doorn in het oog. Aangezien het niet duidelijk was welk standbeeld wie voorstelde, besloten de nazi's het beeld

met de grootste neus te verwijderen. Achteraf bleek dat dat het standbeeld van Richard Wagner was, een componist die juist grote populariteit genoot bij de nazi's. Dit absurde verhaal wordt verteld in Jiří Weils roman *Na střeše je Mendelssohn* ('Mendelssohn op het dak') uit 1960.

ⓘ RUDOLFINUM, Alšovo nábřeží 12, tel. (420) 227 059 309 (galerie), (420) 227 059 270 (concertzaal), www.galerierudolfinum.cz, www.rudolfinum.cz. Geopend (galerie): di.–zo. 10–18 uur.

Jan Palach-plein

Het plein voor het Rudolfinum, náměstí Jana Palacha, is genoemd naar Jan Palach, de student die zichzelf op 16 januari 1969 in brand stak als protest tegen de Russische bezetting na de Praagse Lente. Tot 1989 heette dit het **Rode Leger-plein** (Náměstí Krasnoarmejců), en lag er altijd een keurig bloemenbed in de vorm van een rode ster. Nu staat er een standbeeld van de bekende Tsjechische componist Antonín Dvořák.

Museum voor Decoratieve Kunst

Aan de overzijde van de straat 17. Listopadu ligt het Museum voor Decoratieve

Het Jan Palach-plein toen het nog het Rode Leger-plein heette....

Kunst (Uměleckoprůmyslové muzeum), in de volksmond ook wel UMP genoemd. Op de begane grond bevindt zich de museumwinkel; een trap hoger de ruimte waar tijdelijke exposities plaatsvinden die doorgaans zeker de moeite waard zijn. Op de bovenste verdieping bevindt zich de uitgebreide vaste collectie. De verschillende zalen zijn onder andere gevuld met glas uit de 15de tot en met de 19de eeuw, keramiek, sieraden en decoratieve objecten; veel van de objecten staan uitgestald in bijzondere, draaiende vitrines. Ook is er een collectie drukwerk te zien, en sommige van de tentoongestelde boeken gaan zelfs terug tot de dertiende eeuw.

Het gebouw zelf is ook prachtig om naar te kijken, met name de glas-in-loodramen en de plafondschilderingen op de

... en nu met het standbeeld van Dvořák

Plein in Josefov met tijdelijke sculptuur

Geen gebrek aan levendige pleinen in en rond de wijk Josefov

bovenverdieping. Wie hier het toilet bezoekt, moet trouwens even een blik uit
het raam werpen: het gebouw kijkt aan de
achterzijde uit op de oude Joodse begraaf-

plaats en geeft een mooi overzichtsplaatje.
🛈 MUSEUM VOOR DECORATIEVE KUNST, Ulice 17.
Listopadu 2, tel. (420) 251 093 111, www.upm.cz.
Geopend: di. 10–17, wo.–zo. 10–18 uur.

PRAAG CULINAIR

Goed nieuws: uit eten in Praag wordt steeds aangenamer. De keuze tussen verschillende soorten keukens is nog nooit zo groot geweest als nu. Hadden de Tsjechen vroeger zonder uitzondering een slechte naam waar het gezond en aantrekkelijk dineren betrof, tegenwoordig is dat wel anders. Toch is uit eten gaan in deze prachtige stad niet helemaal hetzelfde als in een stad als Londen of Parijs. Dat ligt voornamelijk aan de bediening, die kan variëren van beschaafd tot ronduit onbeschoft. Dit wordt helaas erger naarmate het restaurant toeristischer is.

Voor elke beurs zijn er talloze geschikte restaurants te vinden en zelfs in het duurdere segment liggen de prijzen vaak beduidend lager dan men gewend is in grote West-Europese steden. Wie kiest voor een eenvoudige maaltijd, bij voorkeur in een Tsjechische eetgelegenheid, kan voor slechts een paar honderd kronen genieten.

Tsjechische keuken

De Tsjechische keuken, verwant aan de Oostenrijkse en Duitse keuken, is bepaald niet licht en weinig verfijnd. Een Tsjechisch menu begint met soep (*polévka*) of koude voorgerechten als gerookte tong (*uzený jazyk*) of kabeljauw (*tresčí játra*).

Vlees voert bij de hoofdgerechten de boventoon; Tsjechen zijn echte carnivoren. Het gaat voornamelijk om varkens- en rundvlees, al vind je ook veel wildgerechten op de kaart. Tsjechen zijn erg creatief met bereidingswijzen, en ook niet vies van organen en hersenen. Vleesgerechten worden vrijwel altijd geserveerd met deegballen (*knedlíky*), ook wel knoedels genoemd. Dit zijn ballen of plakken zwaar, wit brood, die vaak zwemmen in een saus.

Groenten zijn bijzaak, met uitzondering van asperges die, als het seizoen het toelaat, ook als hoofdgerecht worden geser-

Een fruitstal op de markt

De fameuze, en loodzware, Tsjechische 'deegnoedels'

PILSNER I.

Het echte pils

veerd. Verschillende soorten paddenstoelen worden vaak wel verwerkt in gerechten.

De populairste visgerechten zijn die met karper (*kapr*) of forel (*pstruh*); twee vissoorten die in Tsjechië zelf worden gekweekt en erg populair zijn.

Wie van zoet houdt, komt hier absoluut aan zijn trekken. Typisch Tsjechische nagerechten zijn bijvoorbeeld met ijs gevulde flensjes, bedolven onder een saus (*palačinka*) of *povidlovy koláč*, een met pruimen gevuld gebak. Een populair soort gebak in Tsjechië is *medovnik*, een overheerlijke honingcake die oorspronkelijk uit Rusland komt.

Restaurants

De *Prague Post*, Praags enige volledig Engelstalige krant die elke woensdag verschijnt, recenseert regelmatig restaurants, en heeft elke week een uitgebreid overzicht van verschillende restaurants, ingedeeld naar prijscategorie. Ook brengen zij jaarlijks een restaurantgids uit, die in verschillende tijdschriftkiosken te verkrijgen is. Ook zijn recensies terug te lezen op internet: www.praguepost.com/articles/restaurant-review en www.prague.tv. Zie voor adressen de praktische informatie, p. 169.

Pivo

Wie zich afvraagt waar bier vandaan komt, zal in Praag niet lang op een antwoord hoeven wachten. Bier is onlosmakelijk verbonden met Tsjechië; de *pivo* is en blijft immens

populair en is absoluut volksdrank nummer 1. Dat bier in vrijwel alle cafés en restaurants goedkoper is dan mineraalwater zegt genoeg.

De geschiedenis van het brouwen in Bohemen gaat terug tot aan de middeleeuwen, een tijd waarin men zwaar en donker bier brouwde, maar het was in 1842 dat men in Pilzen het eerste goudgele bier verkreeg, dankzij een nieuw fermentatieproces. De formule was zo uniek dat zij bestempeld werd als 'Pilsner Urquell'; 'origineel Pilsner'. Pilsner Urquell is tot op de dag van vandaag nog steeds een populair biermerk. Een andere grote speler in het veld is Budvar, niet te verwarren met Budweiser, dat gebrouwen wordt in České Budějovice. Andere bekende merken zijn Staropramen en Gambrinus.

Traditioneel wordt bier per halve liter geserveerd. Als je een kleiner glas (0,3 l.) wilt, vraag je om een *malé pivo*. Licht bier (*světlé*) is de norm, de donkere variant (*černé*) is iets zoeter van smaak; een mix van beide kan ook, dan krijg je een *řezané*.

6

De 'Nieuwe Stad' aan de oostoever

Nové Město, oftewel 'Nieuwe Stad', is het gebied dat zich uitstrekt tussen Staré Město en Vyšehrad. Het kloppende hart van deze wijk is onmiskenbaar Václavské náměstí, ook wel Wenceslasplein genoemd, naar de bijzonder geliefde 'goede koning'. Václav I, een prins van het Přemyslidengeslacht die tijdens zijn regeerperiode in de 13de eeuw onmiskenbaar zijn stempel drukte op de stad, was technisch gezien helemaal geen koning, maar werd na zijn dood wel beschouwd als beschermheilige van het land.

Het Wenceslas-plein is eigenlijk geen plein meer, maar een brede winkelboulevard. Hoewel het niet oogt als de meest voor de hand liggende plek om massademonstraties te houden, is het plein de afgelopen 150 jaar wel vaak het strijdtoneel geweest van historische gebeurtenissen, om te beginnen bij de massale bijeenkomst van Praagse studenten tijdens de revolutie van 1848. Het was ook hier dat meer dan 200.000 mensen bijeenkwamen tijdens de beroemde Fluwelen Revolutie van 1989; avond na avond trotseerden de Tsjecho-Slowaken de snijdende kou om hun eis van het aftreden van de communistische regering kracht bij te zetten. Op 24 november 1989 verschenen de activistische toneelschrijver (en latere president) Václav Havel en Alexander Dubček, de socialist met het 'menselijke gezicht' die de Praagse Lente had geïnitieerd, samen op het balkon van het Melantrich-gebouw op nummer 30; toentertijd huisde er in het gebouw een uitgever, nu bestaat het voornamelijk uit winkels en dure appartementen op de bovenverdiepingen. De omhelzing van Havel en Dubček gaf het einde aan

▲ *Het Nationaal Museum in vroeger tijden*
◄ *Kruittoren bij nacht*

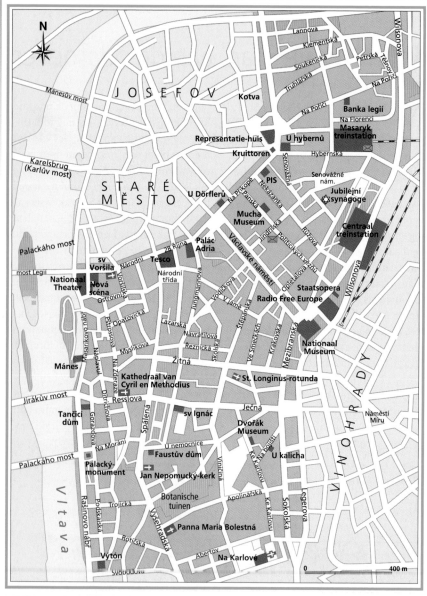

Nové Město

van een 21 jaar durende donkere periode; binnen enkele dagen was het hele parlement afgetreden.
De laatste massale protestbijeenkomst op dit plein was in 2003, vlak voor het Amerikaanse leger Irak binnenviel.

WILSONOVA EN VÁCLAVSKÉ NÁMĚSTÍ

Nationaal Museum

Boven aan het plein, achter het ruiterstandbeeld dat Václav I voorstelt, doemt het reusachtige Nationaal Museum (Národní muzeum) op. Dit museum werd in 1890 gebouwd en is bewust gemodelleerd naar het voorbeeld van monumentale, neorenaissancistische gebouwen in Parijs en Wenen, zoals de Weense Staatsopera of het stadhuis van Parijs, die beide jaren eerder waren gebouwd.

Hoewel de gevel een grondige schoonmaakbeurt kan gebruiken, is dit gebouw zowel van buiten als van binnen indrukwekkend. De collectie is helaas niet zo spannend, al zijn kinderen vaak wel enthousiast over de grote verzameling fossielen en opgezette dieren op de bovenverdieping. Hier zijn ook de kleinste en grootste vlinder ter wereld te zien, evenals een verzameling opmerkelijk grote kevers. De collectie omvat verder onder andere een grote verzameling militaire medailles en een vrij uitgebreid kabinet met verschillende edelstenen.

De centrale hal van het Nationaal Museum komt trouwens in enkele Hollywoodfilms voor, zoals de kaskrakers *Mission: Impossible* en *Casino Royale* (□ p. 29).

🛈 NATIONAAL MUSEUM, Václavské náměstí 68, tel. (420) 224 497 111, www.nm.cz. Geopend: okt.–apr. dag. 9–17, mei–sept. dag. 10–18 uur. Elke eerste dinsdag van de maand gesloten.

Voor het museum herinneren twee gedenkplaten aan de tragische zelfmoorden van de jonge studenten **Jan Palach** en **Jan Zajíc**. Jan Palach stak zichzelf op 16 januari 1969 in brand, uit protest tegen de inval van Russische tanks na de Praagse Lente van 1968.

Vlak voor zijn dood had hij een aantal brieven geschreven, gericht aan de Tsjecho-Slowaakse regering, waarin hij klaagde over het gebrek aan democratie en opheffing van de censuur eiste. Palach vergeleek zichzelf in zijn brief met kerkhervormer Jan Hus (□ p. 87) en wilde met zijn daad 'de waarheid laten overwinnen'. Hij overleed drie dagen later in het ziekenhuis; een maand later volgde de student Jan Zajíc zijn voorbeeld.

Wilsonova

De snelweg die het Nationaal Museum van het Wenceslas-plein scheidt heet Wilsonova en is vernoemd naar de voormalige Amerikaanse president Woodrow Wilson, een persoonlijke vriend van T. G. Masarýk, die in 1918 de eerste president van een vrije Tsjecho-Slowaakse republiek werd (□ p. 26). Het voormalige beursgebouw naast het museum, opgetrokken uit bronskleurig glas, verdient zeker geen schoonheidsprijs. Nu biedt het onder andere onderdak aan Radio Free Europe, een in de jaren vijftig door de CIA opgezet radiostation dat een ideologische strijd tegen communistische oppressie van Oost-Europa voerde.

Rechts naast het Nationaal Museum staat de **Staatsopera** (Státní opera), die evenals het museum veel te lijden heeft onder de grote hoeveelheid auto's die dagelijks passeert. Hoewel deze opera het altijd zal afleggen tegen het majestueuze Nationale Theater aan de Vltava (zie p. 122) is het een mooi gebouw dat in de jaren tachtig van de 19de eeuw werd gebouwd, speciaal voor de Duitse bevolking in Praag die behoefte had aan een eigen theatergebouw. Het was in dit theater dat Gustav Mahlers *Zevende Symphonie* in 1908 in première ging.

Wenceslas-plein

Zittend op zijn paard heeft de 'goede koning' een mooi uitzicht over zijn plein. Dit ruiterstandbeeld staat er in feite pas sinds 1912, maar er hebben sinds de 17de eeuw andere beelden van St. Václav op deze plek gestaan. Het standbeeld blijft aantrekkingskracht uitoefenen op mensen, er zitten dan ook altijd groepjes studenten of toeristen rondom het beeld. Het plein zelf biedt genoeg winkels en cafés voor een hele middag. Het is jammer dat de lichtreclames van fastfoodrestaurants en internationale winkelketens het beeld

Het ruiterstandbeeld blijft een geliefde ontmoetingsplaats.

huis met de naam 'Haas' (dit was begin 20ste eeuw het eerste warenhuis in Praag) op nummer 4, en de art-nouveaugevel van **U Dörflerů** op nummer 7. Op nummer 10, in het **Savarin palác**, huist het Communisme Museum; de ingang bevindt zich ironisch genoeg naast McDonald's.

Communisme Museum

Het Communisme Museum (Muzeum Komunismu), geopend in 2001, is niet helemaal vrij van controverse. Het is opgericht door de Amerikaanse zakenman en restaurateur Glenn Spicker, die eveneens verantwoordelijk is voor het succes van de Bohemia Bagel. Spicker kreeg een storm van kritiek over zich heen toen hij het plan opvatte voor het museum; velen beweerden dat het niet aan een buitenstaander was, een ondernemer nog wel, om een dergelijk museum op te richten. Spickers weerwoord was

zo domineren, want er zijn veel mooie art-nouveaugevels te bespeuren, zoals bijvoorbeeld die van Grand Hotel Europa op nummer 25. Opvallend is de aanwezigheid van de talrijke 'worstenkarretjes' op het plein; er staan er gemiddeld zo'n zes verspreid over het hele plein.

Ná Příkopé

Rechtsaf aan het einde van het plein kom je in de winkelstraat Ná Příkopé, waar je even op de gevels moet letten. Neem bijvoorbeeld die van het voormalige **waren-**

Deze ansichtkaart laat zien hoe de populaire winkelstraat Ná Příkopé er vroeger uit zag.

'WORSTENKONING' WENCESLAS

Het zal niemand ontgaan dat Václavske náměstí ruim voorzien is van worsten-stands, uitgevoerd in rood kunststof en hygiënisch roestvrij staal. De kraampjes worden geëxploiteerd door het bedrijf DMJ, dat zelfs een eigen website heeft waarop foto's te zien zijn en het menu geraadpleegd kan worden (www.dmj.cz). Sommige stands zijn voorzien van de woorden 'Euro Food', hoewel het de vraag is hoe Europees deze specialiteiten zijn, maar een naam dragen ze verder niet. Dat is geen probleem, want iedereen met een rammelende maag weet ze te vinden.

Het verhaal wil dat St. Václav ook wel de 'worstenkoning' werd genoemd. Hij zou in zijn tijd beschermheer van de *klobása*, de braadworst, zijn geweest. En om die reden worden er op 'zijn' plein in Nové Město dag en nacht worsten gegrild en gegeten. Uiteraard prijkt er op de menukaart ook een worst die naar de 'goede koning' vernoemd is: de *Václavská klobása v rohlíku* ('Wenceslas-worst op een broodje'). Deze worst is vooral groot en vettig, maar dat zijn ze eigenlijk allemaal.

Volop keuze bij de worstverkopers op het Wenceslasplein

De worsten zijn erg populair bij zowel Tsjechen als toeristen. In het bijzonder op vrijdag- en zaterdagavond, tijdens en na het uitgaan, is het druk rondom de gril van DMJ. Wie geen zin heeft in de Wenceslasworst, kan kiezen voor bijvoorbeeld de Duitse variant, vijf kleine worstjes op een broodje met uitjes en mosterd, of de *Pražská klobása*, een pittige rode 'Praagse worst'.

Ben je in de buurt, schroom dan niet met een vette hap de heilige Václav op de juiste wijze te eren. In het populaire Engelse kerstliedje 'The Good King Wenceslas' zegt hij het zelf:

'Bring me flesh, and bring me wine, bring me pine logs hither:
Thou and I will see him dine, when we bear them thither.'

simpel: de Tsjechen hebben er ruim tien jaar de tijd voor gehad, als niemand anders het doet, dan doe ik het. Het museum is een vaste stop van veel toeristen, maar je zal de meerderheid van de Tsjechen stellig horen beweren dat ze er nooit één stap over de drempel zullen zetten. Toch is het Communisme Museum absoluut de moeite waard. Het museum is minder kinderachtig dan je op basis van de ietwat infantiele reclameposters (onder andere van een beer die een kalasjnikov draagt) zou verwachten. De tentoonstelling, die in samenwerking met Tsjechische historici tot stand is gekomen, geeft een goed beeld van de geschiedenis van het communisme in Centraal- en Oost-Europa, en toont tevens hoe het dagelijks leven er in het Tsjecho-Slowakije van 1948 tot 1989 uit zag.

Een van de hoogtepunten is de vertoning van de aangrijpende documentaire *Čas*

Informatiefolder van het Communisme Museum

hanby, *Čas Mlčení, Čas naděje* ('Tijd van Stilte, Tijd van Schaamte, Tijd van Hoop'), over de periode tussen de Praagse Lente en de Fluwelen Revolutie. De documentaire werd in 1990 door een Duits televisiestation uitgezonden, maar is helaas niet te koop in de museumwinkel. Wel te koop, naast de ietwat flauwe T-

Legacy, een eigen uitgave van het Communisme Museum

shirts en hamer-en-sikkelspeldjes, is het boek *Legacy*, door het museum zelf uitgegeven. Dit is een gedetailleerde historie van Tsjecho-Slowakije tijdens het communisme: een aanrader voor wie zich in dit onderwerp wil verdiepen. Werp ondertussen ook even een blik in het gastenboek bij de kassa: de reacties die bezoekers van het museum achterlaten, variëren van prijzend tot ronduit woedend.

ⓘ COMMUNISME MUSEUM, Ná Příkopé 10, tel. (420) 224 212 966, www.museumofcommunism. com. Geopend: dag. 9–21 uur.

Mucha Museum

Verder langs Ná Přikopé, richting Obecní dům, passeer je aan de rechterkant de straat Panská met aan het eind daarvan het Mucha Museum (Muchova Museum). Leven en werk van deze 'meester van de jugendstil' worden hier gememoreerd (▭ pp. 128-129). Er hangen veel originele pos-

ters, er zijn lithografieën en schetsen te zien, en er is een kleine tentoonstelling van privéfoto's. Achter in het museum toont een korte film het leven van Alphonse Mucha. De museumwinkel is ruim gesorteerd in Mucha-parafernalia.

ⓘ MUCHA MUSEUM, Panská 7, tel. (420) 221 451 333, www.mucha.cz. Geopend: dag. 10–18 uur.

NÁMĚSTÍ REPUBLIKY

Kruittoren

De straat eindigt bij Obecní dům, het Representatie-huis, met daarnaast de Kruittoren. De Kruittoren (Prašná brána) is één van de middeleeuwse torens die nog over zijn in Praag. Het contrast met de prachtig gerenoveerde gevel van het naastgelegen Representatie-huis kan haast niet groter. De toren dankt zijn naam aan het feit dat er vanaf de 16de eeuw buskruit werd bewaard. Binnen is een kleine tentoonstelling van de geschiedenis van de toren.

ⓘ KRUITTOREN, Na Příkopé, tel. (420) 724 063 723, www.pis.cz. Geopend: apr.–okt. dag. 10–18 uur.

Representatie-huis

Naast de donkere gevel van de Kruittoren steelt het Representatie-huis de show. Het heeft een art-nouveau-interieur in optima forma. Werkelijk alles is mooi in dit pand: van de deurlijsten tot de kroonluchters en de tegels aan de muur. Vrijwel alles is nog in originele staat, danwel zorgvuldig gerenoveerd. De fraaiste van alle ruimten is waarschijnlijk de **Prímatorský sál**, die ontworpen werd door Alphonse Mucha en aan een kapel doet denken.

Het gebouw herbergt een café en een restaurant op de begane grond; in de kelder zijn een Amerikaanse bar en een eenvoudiger restaurant dat voornamelijk Tsjechische gerechten serveert. Op de eerste verdieping bevindt zich een aantal tentoonstellingsruimten, en verder is er de

Het Representatie-huis bij avond

van de Tsjechische architect Josef Gočár, die aan de wieg stond van het kubisme: een kunststroming uit het begin van de 20ste eeuw. Hoewel het kubisme ook in andere landen populair was, waren de Tsjechen de enigen die de stijlvorm toepasten op de bouwkunst. Het Huis bij de Zwarte Madonna was oorspronkelijk bedoeld als warenhuis en had van meet af aan te kampen met problemen. Gočár voltooide het ontwerp in 1912 en al twee jaar later begon men aanpassingen aan te brengen. Zowel de winkel die bij het museum hoort als het Grand Café Orient, dat zich op de eerste verdieping bevindt, moest in de jaren twintig plaatsmaken voor bankkantoren. Na decennia van verbouwingen en wijzigingen van het oorspronkelijke plan ging het hele gebouw in januari 2002 dicht voor een grondige renovatie. Het pand is nu weer open en te bezichtigen. Het kleine museum geeft een goed beeld van het kubisme. De bijbeho-

grootste concertzaal van Praag: **Smetanova síň**. 's Avonds staan er dan ook altijd lange rijen met concertbezoekers te wachten. Wie het gebouw gedetailleerd wil bekijken, kan een rondleiding met een gids volgen.

ℹ️ REPRESENTATIE-HUIS, Náměstí Republiky 5, tel. (420) 222 002 111, www.obecnidum.cz.

Kubisme Museum

Wie vanaf de Kruittoren richting het Oude Stadsplein loopt, loopt vanzelf tegen het **Kubisme Museum** (Muzeum Českého Kubisme) aan, dat is gevestigd in het **Huis bij de Zwarte Madonna** (Dům U Černé Matky Boží). Dit is een ontwerp

De winkel van het Kubisme Museum verkoopt mooie replica's van kubistisch porselein.

rende museumwinkel ver-
koopt mooie kopieën van
kubistische keramiek.

ⓘ KUBISME MUSEUM, Ovocný
trh 19, tel. (420) 224 211 746,
www.ngprague.cz. Geopend:
di.–zo. 10–18 uur.

RONDOM MŮSTEK

Národní
Mŭstek is de naam van het
grote metrostation met verschillende uitgangen op Václavské náměstí. Tussen Václavské náměstí en de Vltava
vind je de straat Národní. Dit
gebied wordt eveneens ge-
domineerd door winkels,
maar biedt ook een aantal
interessante bezienswaar-
digheden. In de winkelstraat
Vodičkova, die van het plein
tot aan Karlovo náměstí
loopt, vind je **Lucerna**, een
overdekte winkelpassage in
art-decostijl. In deze passage is **Cinema Lucerna** geves-

Toegang tot Františkanska zahrada

tigd; misschien wel de mooiste bioscoop
in Praag. Het prachtige jarendertigtheater
maakt het filmbezoek tot een feest. Neem
ook de tijd om in de passage zelf goed om
je heen te kijken, bijvoorbeeld naar de opmerkelijke sculptuur aan het plafond. Dit
beeld van David Černy (📖 p. 94) toont St.
Václav I zittend op zijn paard, dat ondersteboven aan het plafond hangt. Het lijkt
een postmoderne tegenhanger te zijn van
het ruiterstandbeeld op het Wenceslas-
plein.

Světozor-passage
Schuin tegenover de Lucerna-passage ligt
de Světozor-passage. Ook hier is een bioscoop gevestigd: **Kino Světozor**, een klein
filmhuis. De passage zelf herbergt een aan-

tal winkels die niet erg bijzonder zijn en
een ijssalon genaamd Ovocny Svetozor
waar het altijd druk is. Behalve heerlijk
ijs kunnen hier ook sandwiches en fruit-
taartjes gegeten worden: vooral het sor-
betijs en de aardbeientaart zijn aanraders.
Schrik niet van de soms lange rijen voor
de deur! Wie verder doorloopt, onder het
prachtige glas-in-loodraam door, komt
op een gegeven moment uit op een kleine binnentuin, Františkanska zahrada, die
de passage verbindt met het plein **Jungmannova**. In de zomer zitten veel Tsjechen hier in hun lunchpauze te genieten
van de zon.
Een paar deuren naast de Světozor-passage
staat het pand van **Foto Škoda**, de bekendste winkel voor fotografiebenodigdhe-

den in Praag, die tevens een grote afdeling tweedehands camera's heeft. In dit pand is ook de Langhans-galerie gevestigd (zie praktische informatie p. 170).

NÁRODNÍ

Národni richting de Vltava

Op de hoek van Národni en Jungmannova náměstí staat **Palác Adria**. Het werd gebouwd in 1923 voor een verzekeringsmaatschappij. De gevel werd door de oorspronkelijke architect ontworpen in kubistische stijl, maar tijdens latere aanpassingen en renovaties van het gebouw zijn daar opvallend genoeg enkele neoclassicistisch aandoende elementen aan toegevoegd, zoals de beelden aan de voorzijde van het gebouw. In het gebouw loopt een mooi gedecoreerde passage van de ene straat naar de andere. Er zijn winkels en kantoren op de benedenverdieping gevestigd en boven vind je onder andere een grote galerie en appartementen.

De winkelstraat Národní loopt van Václavské náměstí naar de rivier. Op de hoek van Národní en Spálená staat het grote warenhuis **Tesco**. Het pand waarin Tesco huist, gebouwd in 1975, wordt sinds een aantal jaren als architectonisch monument aangemerkt, hoewel de grauwe gevel dit absoluut niet zou doen vermoeden. Maar het gebouw viel nu eenmaal op, wat ontwerp en uitvoering betreft, binnen de saaie architectuur van de jaren zeventig. Van binnen ziet het eruit als elk ander warenhuis. Tot 1989, toen Praag nog in communistische handen was, was hier een warenhuis met de naam 'Máj' ('Mei') gevestigd, als verwijzing naar de Dag van de Arbeid op 1 mei.

Iets verderop vind je, eveneens aan de linkerkant, het beroemde **Café Louvre**. Dit café bestaat al meer dan een eeuw, en was vroeger een favoriet van Franz Kafka en

EEN PATHOLOGISCHE BEHOEFTE AAN WINKELEN

Tsjechen zijn zo gefascineerd door enorme winkelcomplexen dat er in 2005 door twee filmstudenten een film over werd gemaakt: Český Sen ('Tsjechische droom'). *De 'Tsjechische droom' bleek een luchtkasteel.* De studenten onderzochten de fascinatie van Tsjechen met hypermarkten en de bijna pathologische behoefte aan winkelen. Zij begonnen met een intensieve reclamecampagne voor de opening van een nieuwe hypermarkt genaamd Český Sen; in werkelijkheid niet meer dan een bordkartonnen façade langs de snelweg, letterlijk. Kosten noch moeite werden gespaard, en na weken van reclamespotjes op radio en tv, krantenadvertenties en folders met de meest onwaarschijnlijke aanbiedingen togen op een zonnige dag in juni 2003 een paar duizend kooplustige Tsjechen naar het nieuwe winkelparadijs, om eenmaal aangekomen te ontdekken dat dat in het geheel niet bestond. De filmers registreerden de reacties van de consumenten toen ze zich realiseerden dat er geen 'Český Sen' was; deze varieerden van oprechte gêne tot bewondering. Opzet geslaagd: de film was een succes en het hele experiment werd nog wekenlang driftig besproken in de media.

Albert Einstein. In Café Louvre kun je zowel ontbijten, lunchen, dineren als biljarten. Met name tijdens de brunch op zondag is het een aangename plek om te vertoeven; het personeel gaat keurig gekleed in uniform en zowel de aankleding als de presentatie van de gerechten is correct. Een fijne plek om bij te komen.

Schuin aan de overkant, aan de oever van de Vltava, vind je een ander beroemd café: **Slavia**. Hier beraamden de leden van Char

Zwierig balkon met vrouwenbeelden

ta 77 ooit hun plannen om de communistische regering omver te werpen, en het café heeft de hoofdrol in het gedicht *Slavia* van Nobelprijswinnaar Jaroslav Seifert. Helaas is er weinig van de oude grandeur over: Slavia is nu voornamelijk in trek bij toeristen. Het uitzicht over de rivier is en blijft echter fenomenaal.

Tegenover Slavia staat één van de pronkstukken van Praag, het enige echte **Nationale Theater**. De bouw van deze 'nationale trots', aan het einde van de 19de eeuw, werd opmerkelijk genoeg door de Tsjechen zelf betaald, die weigerden de financiering aan de Habsburgers over te laten. De eerste stenen, verzameld van historisch relevante plekken in het hele land, werden in 1868 gelegd, en ruim vijftien jaar later werd het theater geopend met de première van de opera *Libuše* van componist Bedřich Smetana. Helaas werd het, zoals wel meer gebouwen in Praag, kort daarop van binnen volledig verwoest door een brand, waarna men weer opnieuw begon met bouwen. Ditmaal betaalde de keizer wel mee. 's Avonds, als de lichten zich op het dak richten, is het theater op zijn mooist. Het beste uitzicht heeft men dan vanaf halverwege de brug.

Achter het theater staat een opmerkelijk bouwwerk van glas; een groter contrast tussen twee gevels is bijna niet denkbaar. Deze uitbouw genaamd **Nová scéna**,

werd in 1983 voltooid door Karel Prager, de 'huisarchitect' van communistisch Tsjechië. Naast het theater staat het eveneens contrasterende gebouw van **Lanterna Magica**, één van de oudste blacklight-theaters in Praag. Deze vorm van theater, altijd populair bij toeristen, maakt gebruik van zwarte achtergronden en kleding, fluorescerende verf en blacklight om zo speciale effecten te bereiken.

KARLOVO NÁMĚSTÍ

Kathedraal van Cyril en Methodius

Bij het warenhuis Tesco kun je de straat Spálená inslaan richting Karlovo náměstí. Dit plein is een knooppunt voor bijna alle trams die in Praag rijden. Het plein omvat een groot en aangenaam park en wordt halverwege doorsneden door een brede straat die in oostelijke richting naar Náměstí Míru loopt (zie p. 131).
Wie deze straat in westelijke richting volgt, naar de rivier toe, passeert aan de rechterzijde de orthodoxe Kathedraal van Cyril en Methodius (sv Cyril a Metoděj). Oorspronkelijk was de rooms-katholieke kerk opdrachtgever, maar sinds 1930 is dit gebouw de thuisbasis voor de Tsjechische orthodoxe kerk. Cyril en Methodius waren Griekse monniken die aan het eind van de 9de eeuw het christendom verspreidden in het Groot-Moravische Rijk; zij hebben een eigen feestdag op 5 juli.
De kathedraal is echter nog bekender vanwege een gebeurtenis tijdens de Tweede Wereldoorlog. Op 18 juni 1942 werden hier zeven Tsjecho-Slowaakse geheime agenten zes uur lang door nazi's belaagd. De Tsjechen hadden zich in de kathedraal verstopt en de meesten van hen pleegden zelfmoord voor ze in handen van de nazi's vielen. Op sommige plekken in de gevel is nog te zien waar de kogels insloegen. De aanleiding voor deze belaging was de moordaanslag op ss-com-

En overal uitzicht over het water

mandant Reinhard Heydrich door drie van de zeven Tsjecho-Slowaken. Dit drietal pleegde in mei 1942 in de noordoostelijke wijk Libeň een aanslag op Heydrich, die in zijn auto voorbijreed. De ss-commandant overleed acht dagen later aan zijn verwondingen, waarna Adolf Hitler opdracht gaf tot het uitroeien van de dorpen Lidice en Ležáky.

Op de zuidelijke muur van de kathedraal herinnert een plaquette aan de wraakactie van de nazi's; binnen in de crypte is een kleine tentoonstelling over het gebeuren te zien.

🛈 KATHEDRAAL, Resslova 9a, tel. (420) 224 916 100, www.pravoslavnacirkev.cz. Geopend: di.–zo. 10–17 uur.

'Het dansende huis'

Verder op Resslova, richting de Vltava, stuit je op een opmerkelijk gebouw: **Tančící Dům**. De moderne architectuur steekt opvallend af tegen de andere gebouwen. Op de plek van Tančící Dům, letterlijk 'Het dansende huis', stond voorheen een gebouw dat tijdens de Tweede Wereldoorlog door een bom verwoest werd. Lange tijd bleef er een gapend gat, totdat de Tsjechische architect Vlado Milunić in 1994 aan dit bijzondere gebouw begon. Hij ontwierp het samen met de Canadese architect Frank Gehry, die vooral bekend werd door het Guggenheim-museum in Bilbao. Het dansende huis wordt in de volksmond ook wel 'Fred & Ginger' genoemd, verwijzend naar het beroemde danspaar op het witte doek Fred Astaire en Ginger Rogers. De deuk in de glazen gevel is erg opvallend; een verklaring hiervoor zou zijn dat één van de buren zijn bezwaar uitsprak tegen het ontwerp: de bouw van Tančící Dům zou ten koste gaan van zijn prachtige uitzicht op de Vltava. De architecten besloten hierop een deukje in de gevel aan te brengen, zodat het uitzicht intact bleef. Tegenover het dansende huis ligt de brug die Nové Město verbindt met de wijk Smíchov.

Op Karlovo náměstí 40 staat het zogenoemde **Huis van Faust** (Faustův dům),

BATÁ ·

Een advertentie uit de oude doos

Naast kubisme, bier en art nouveau is er nog een ander belangrijk onderdeel van het Tsjechische culturele erfgoed, dat echter vaak over het hoofd wordt gezien: de Batá-schoen.

De schoenenfabriek werd in 1894 opgericht door Tomáš Batá in de industriestad Zlín, in het zuidoosten van de huidige Tsjechische Republiek. De ontwikkeling van Zlín, toen onderdeel van het Oostenrijks-Hongaarse Rijk, is nauw verbonden met de oprichting en groei van de fabriek. Batá's missie was iedereen te voorzien van goedkope schoenen van goede makelij. En hij slaagde daarin.

Tomáš Batá, inwoner van Zlín en afkomstig uit een geslacht van schoenmakers, was niet alleen een slimme zakenman, maar ontpopte zich ook als stadsontwikkelaar. Hij zorgde voor verbetering van de sociale infrastructuur van de industriestad, sociale woningbouw, werkgelegenheid en betere arbeidsomstandigheden. Zijn goede daden maakten hem uiteraard populair onder de lokale bevolking en zorgden ervoor dat hij in 1923 verkozen werd tot burgemeester.

De architectuur die zich in de beginjaren van de 20ste eeuw in Zlín ontwikkelde, was een interessante combinatie van twee bouwkundige utopieën: de 'tuinstad' van Ebenezer Howard en de 'sociale hoogbouw' van de bekende Franse architect Le Corbusier. Dit resulteerde in een uniforme stijl van hoge flatgebouwen die sterk leken op de fabrieken in de stad. Zlín kreeg in 1938 zelfs de eerste wolkenkrabber van Tsjecho-Slowakije: een 77,5 m hoog gebouw, met opmerkelijk genoeg een kantoorruimte in de lift.

De enorme groei van de Batá-fabriek was begin 20ste eeuw vooral te danken aan politieke omstandigheden. Tijdens de Eerste Wereldoorlog nam de vraag naar (militair) schoeisel enorm toe en zo werd Batá van een klein fabriekje een massaproducent, die het Oostenrijks-Hongaarse leger van schoenen voorzag. Tomáš Batá kreeg op die manier de bijnaam 'de Henry Ford van Oost Europa'. Batá groeide uit tot een merk dat over de hele wereld bekend was. In de jaren dertig werden ook in het buitenland Batá-fabrieken geopend, onder andere in het Nederlandse Best. Nederland was ook het eerste land buiten Tsjecho-Slowakije dat een Batá-winkel opende.

Tomáš Batá kwam in 1932 om bij een vliegtuigongeluk, iets buiten zijn stad. Batá was op het moment van zijn overlijden uitgegroeid tot een bedrijf met meer dan twintig fabrieken en 1600 winkels. Tomáš' halfbroer Jan Antonin Batá nam de leiding over de fabrieken over.

Ook nu nog is Batá een wereldwijd bekend schoenenmerk. In Tsjechie zijn in elke stad enkele winkels te vinden, die nu behalve schoenen ook wat kleding en accessoires verkopen. De grote Batá-winkel op het Wenceslas-plein in Nové Město, uitgevoerd in kenmerkende functionalistische stijl, blijft een paradepaardje van het bedrijf. Ironisch genoeg bevindt het enige Batá-museum ter wereld zich niet in Zlín, maar in het Canadese Toronto.

---

met een barokke gevel in de tinten grijs en oranje. In de 14de en 16de eeuw werd dit pand bewoond door verschillende alchemisten: vaak nogal excentrieke bewoners die het huis zijn mysterieuze geschiedenis en bijzondere naam bezorgden. Het huis werd genoemd naar de legendarische dr. Faust, die zwarte magie bedreef en een pact sloot met de duivel.

In de botanische tuinen

Botanische tuinen

Vanaf Karlovo náměstí de straat Vyšehradská volgend, langs de kerk van Jan Nepomucký-op-de-rots, kom je bij de botanische tuinen (botanická zahrada). Deze zijn eigendom van de Karelsuniversiteit, strekken zich uit over een aantal terrassen en zijn groter dan je zou verwachten. Het is een weinig spectaculaire, maar wel fijne plek om te zitten.

ⓘ BOTANISCHE TUINEN, Na Slupi 16, tel. (420) 224 918 970. Geopend: dag. 9–18 uur.

Antonín Dvořák Museum

Achter de botanische tuinen, aan de straat Ke Karlovu, geeft een prachtig gietijzeren hek toegang tot het Antonín Dvořák Museum (Muzeum Antonína Dvořáka). Geheel gewijd aan de beroemde Tsjechische componist, toont dit museum op de begane grond voornamelijk foto's en memorabilia, terwijl boven onder andere een kleine concertzaal is. Hier wordt nog regelmatig opgetreden; in de zomer verplaatsen de concerten zich naar de kleine

tuin met sculpturen. Het pand werd gebouwd door Kilián Ignaz Dientzenhofer, die zijn barokke stempel op veel plekken in de stad heeft gedrukt (▢ p. 65).

ⓘ ANTONÍN DVOŘÁK MUSEUM, Ke Karlovu 20, tel. (420) 224 923 363. Geopend: di.–zo. 10–17.30.

VYŠEHRAD

Vyšehrad-kasteel

Helemaal ten zuiden van Nové Město, dicht bij de oever van de Vltava, ligt de roodstenen vesting van Vyšehrad, dat letterlijk 'hoog kasteel' betekent. Dit is waarschijnlijk de meest mythische plek van Praag: precies hier zouden Slavische stammen zich voor het eerst hebben gevestigd en zou prinses Libuše haar visioen hebben gekregen dat leidde tot de stichting van Hradčany (zie p. 41). Een ander verhaal vertelt over Vratislav II van het Přemysliden-geslacht, de eerste Boheemse heerser die zich koning mocht noemen, die hier een kasteel zou hebben gebouwd om niet in de buurt van zijn broer te hoeven zijn, die zich in Hradčany ophield. Maar toen zijn familie in de daaropvolgende decennia toch weer verhuisde naar de Praagse burcht, werd Vratislavs kasteel afgebroken. Tot op heden zijn er echter nog geen archeologische bewijzen gevonden die dit verhaal kunnen staven.

Onder Karel IV, die zich graag met de Přemysliden mat, werd Vyšehrad betrokken bij Nové Město, en werd bepaald dat de kroningsroute hier moest beginnen, en niet in Hradčany. In de eeuwen die volgden, werden er door verschillende koningen gedeeltes bijgebouwd danwel afgebroken; toen het gebied weer in de aandacht kwam tijdens de periode van oplevend nationalisme in de 19de eeuw, was alleen de rode vestingmuur nog over.

De vesting leent zich uitstekend voor een middagje wandelen, weg van het drukke centrum. Er is genoeg te zien. De vesting

Vyšehrad-kasteel, gravure uit de 19de eeuw

De begraafplaats die naast de kerk ligt, de **Vyšehradský hřbitov**, is vrij prestigieus. Alleen kunstenaars liggen hier begraven; geen soldaten, politici of andere historische figuren. Veel van de grafstenen zijn erg mooi, en duidelijk vormgegeven door toonaangevende beeldhouwers. Hier vind je bijvoorbeeld de componisten Antonín Dvořák en Bedřich Smetana, en de schrijver Karel Čapek. Ook de bekende 19de-eeuwse dichter K. H. Mácha (zie p. 70) ligt hier begraven. Hier lag tevens het startpunt voor een demonstratie tegen het communistische regime in 1989, die direct leidde tot de Fluwelen Revolutie. De meeste aandacht wordt echter opgeëist door het **Slavín-monument**, de laatste rustplaats van kunstenaars als Alphonse Mucha (📖 pp. 128-129), Ladislav Šaloun en architect Josef Gočár. Voor ons wellicht niet heel bekende namen, maar voor Tsjechen historische figuren: Gočár was één van de grondleggers van het Tsjechisch kubisme, Saloun de beeldhouwer van het Jan Hus-monument op het Oude Stadsplein.

ℹ️ VYŠEHRADSKÝ HŘBITOV, K rotundě 10. Geopend: nov.–febr. dag. 9–16, mrt. –apr. en okt. dag. 8–18, mei–sept. dag. 8–19 uur.

kan van verschillende kanten betreden worden. Wie de metro neemt en bij de halte 'Vyšehrad' uitstapt, komt van westelijke zijde en passeert het **informatiecentrum** bij V pevnosti. De website over de vesting biedt uitgebreide informatie over de bezienswaardigheden, ook in het Engels.

ℹ️ INFORMATIECENTRUM, www.praha-vysehrad.cz. Geopend: 9.30–17 uur.

Kerk van St. Peter en St. Paul

De zwarte Kerk van St. Peter en St. Paul van Vyšehrad (Kostel sv Petr a Pavel) is vanuit de verre omtrek te zien. Het gotische uiterlijk is misleidend, want de kerk dateert van 1880; sommige details zijn pas in 1990 aangebracht. Opmerkelijk zijn de opengewerkte torens; van een afstand ziet dit 'geraamte' er indrukwekkend uit. In de 11de eeuw stond hier een basiliek. De St. Peter en St. Paul-kerk kent helaas enigszins onbetrouwbare openingstijden, wat jammer is gezien het bonte interieur; vooral de talrijke artnouveaudecoraties zijn de moeite waard.

ℹ️ KERK VAN ST. PETER EN ST. PAUL, K rotundě 10, tel. (420) 224 911 353. Geopend: wo.–ma. 9–12 en 13–17 uur.

Kubistische villa's

Binnen de vesting bevindt zich tevens de kleine **Galerie Vyšehrad**, waar tijdelijke exposities te zien zijn. Een andere bezienswaardigheid is de romaanse **rotunda sv Martin**, één van de weinige rotunda's die er nog zijn in Praag.

Aan de voet van de vestingmuur vind je een aantal kubistische villa's bij elkaar. Het kubisme maakte in Tsjechië een korte, maar hevige bloeiperiode door aan het

Kubistisch huis, 1911–1913

begin van de 20ste eeuw. Het Tsjechische kubisme richtte zich voornamelijk op toegepaste kunst en architectuur, en niet, zoals de Franse evenknie, op schilderkunst. Behalve het pand in Staré Město waar het Kubisme Museum in huist (zie p. 119), heeft Vyšehrad ook zijn kubistische hoogstandjes. Met name de straat Neklano-va kent een paar goede voorbeelden, zoals het huis **nájemný dům** op nummer 2 en het appartementencomplex **nájemný obytný dům** op nummer 30. Voor de liefhebbers van moderne architectuur is het de moeite waard dit gebied eens rustig door te wandelen.

ALPHONSE MUCHA

Het werk van kunstenaar Alphonse Mucha (1860–1939) is niet uit het straatbeeld weg te denken: de etalages van souvenirwinkels tonen talloze objecten met daarop zijn kenmerkende decoraties, vaak balancerend op het randje van kitsch. Kaarten en posters met daarop zijn beroemdste afbeeldingen zijn overal te koop. Toch heeft het heel lang geduurd voor Tsjechië de 'meester van de Jugendstil' de eer betoonde die hij verdient. Het Mucha Museum in Nové Město (zie p. 118) kwam pas in februari 1998 tot stand, bijna zestig jaar na zijn dood.

In 1860 werd Mucha geboren in het Moravische dorp Ivančice, in een gezin van zes kinderen waarvan er drie aan tuberculose stierven. Armoede tekende zijn jeugd, evenals de mystieke sfeer in de rijkelijk gedecoreerde St. Petrus-kerk, waar hij in het jongenskoor zong. In zijn geboortedorp bevond zich een grote aanhang van het Tsjechisch Nationaal Reveil, een beweging die streefde naar herstel van de Tsjechische cultuur die onder het Habsburgse bewind ernstig in de verdrukking was gekomen. Al op jonge leeftijd bleek Alphonse over een kunstzinnige aanleg te beschikken. Hij meende, geheel in lijn met de ideeën van het Tsjechisch Nationaal Reveil, dat een kunstenaar zijn volk moest dienen en dat kunst de expressie van morele idealen diende te zijn.

Na een korte carrière als decorbouwer in Wenen vestigde Mucha zich in 1887 in Parijs, waar hij kennismaakte met technologische vernieuwingen en een bloeiende decoratieve schilderkunst, de art nouveau of jugendstil. Art nouveau wordt nu vaak beschouwd als slechts een ornamentele schilderkunst, maar in de 19de eeuw werd deze immens populaire stroming door haar grondleggers gezien als een diepgaand medium, waarmee idealen door middel van symboliek konden worden overgedragen op de beschouwer.

Alphonse Mucha voelde zich helemaal thuis in de Parijse kunstenaarskringen; ook hij interesseerde zich sterk voor mystieke zaken, die in het Parijs van het fin de siècle aan populariteit wonnen. Mucha hield zichzelf in leven met het illustreren van boeken, tijdschriften en kalenders. Ook ontwierp hij een enkele keer affiches en theaterkostuums. Zijn grote doorbraak kwam eind 1894: de 34-jarige Mucha kreeg opeens de kans een affiche te ontwerpen voor *Gismonda*, een toneelstuk met 'de goddelijke' Sarah Bernhardt in de hoofdrol. Mucha's ontwerp week sterk af van de gebruikelijke affiches van die tijd en toonde een bijna levensgrote Bernhardt, op een smalle poster van twee meter lang. De affiches sloegen in als een bom: op straat trokken mensen ze van de borden af. Sarah Bernhardt was zelf zo onder de indruk dat zij Mucha direct een contract aanbood. De volgende vijf jaar ontwierp hij verschillende affiches voor haar, en '*le style Mucha*' werd een begrip in Parijs: tien jaar lang ontwierp hij de meest uiteenlopende dingen, waarbij hij complexe patronen opgebouwd uit botanische elementen vaak combineerde met een afbeelding van 'de Mucha-vrouw', een elegante en verleidelijke verschijning.

In 1899, op het hoogtepunt van zijn roem,

aanvaardde de kunstenaar de opdracht om voor de Wereldtentoonstelling van 1900 het paviljoen van Bosnië-Herzegovina, toen onderdeel van het Oostenrijks-Hongaarse Rijk, te decoreren. Een probleem voor de vaderlandslievende Mucha, die de onderwerping van de Slaven niet was vergeten. Om gewetenswroeging te voorkomen, maakte hij van het paviljoen een ode aan de Zuid-Slavische volken. Ter voorbereiding reisde hij door de Balkan om de historie en volkscultuur van de Zuid-Slaven goed te leren kennen. Het was deze opdracht die hem inspireerde tot het project dat zijn magnum opus zou worden: een serie grote doeken met daarop het verhaal van de Slaven vereeuwigd. Na drie jaar op het idee te hebben gebroed, zei Mucha Parijs vaarwel en reisde hij met zijn jonge vrouw door Amerika om geldschieters te zoeken voor zijn nieuwe, immense project. Hier kwam Mucha in contact met Charles Crane, een Amerikaanse miljonair met een grote belangstelling voor de Slavische cultuur, die bereid was het project te financieren. Na een kwart eeuw keerde de kunstenaar dan eindelijk terug naar huis, vastbesloten de rest van zijn leven aan zijn volk te wijden.

In 1909 aanvaardde Mucha de opdracht de Burgemeesterszaal van het Praagse stadhuis te decoreren. Het adembenemende resultaat hiervan is nog steeds te aanschou

De poster die Alphonse Mucha groot maakte in Parijs

wen. Mucha nam talloze opdrachten aan, van boekillustraties tot het beroemde glasvenster in de St. Vitus-kathedraal. Toen Tsjecho-Slowakije in 1918 onafhankelijk werd, stortte de kunstenaar zich vol overgave op het ontwerpen van postzegels, bankbiljetten en het nieuwe nationale embleem; bijna het hele land werd door hem vormgegeven.

Het *Slavische Epos* werd tussen 1912 en 1926 voltooid; twintig enorme doeken die duizend jaar Slavische geschiedenis besloegen. Na enkele tentoonstellingen in Tsjechië zelf verhuisden de doeken tijdelijk naar Amerika, waar ze in New York en Chicago werden tentoongesteld. In 1928 overhandigde Mucha de doeken aan de burgemeester van Praag, als cadeau voor het Tsjechische volk. Tijdens de Tweede Wereldoorlog werden zij opgerold en verstopt, tot ze in 1962 hun permanente verblijfplaats kregen in het Moravische dorp Moravksý Krumlov.

Alphonse Mucha stierf in 1939, kort nadat hij door de nazi's op hardhandige wijze was ondervraagd. Onder het communistisch regime verdween zijn werk uit het straatbeeld; pas eind jaren tachtig werd de grootste Tsjechische kunstenaar gerehabiliteerd en verscheen zijn werk weer op posters, vazen en uiteindelijk op koffiemokken, eierdoppen, T-shirts en notitieboekjes.

7

De volkswijken in het oosten

De wijk Vinohrady, ten oosten van Nové Město, was tot aan de Tweede Wereldoorlog dé bourgeoiswijk van Praag, maar onder het communisme ging het snel bergafwaarts. Inmiddels gaat de wijk weer met sprongen vooruit, en veel huizen ademen nog een fin-de-sièclesfeer. Vinohrady biedt weinig typisch toeristisch vertier maar is een leuke wijk om even doorheen te wandelen, en voor de liefhebbers van bazars valt hier ook genoeg te ontdekken.

NÁMĚSTÍ MÍRU

Ludmila-kerk

Het hart van de wijk is het mooie Náměstí Míru, het plein waar zich de St. Ludmila-kerk (Kostel sv Ludmily) bevindt. Deze van buiten neogotische kerk werd in de late 19de eeuw gebouwd; het art-nouveau-interieur past dan ook niet geheel bij het uiterlijk van de gevel. Voor de kerk staat een monument ter ere van de schrijver Karel Čapek (📖 pp. 136-139); Karel en zijn

▲ De modernistische kerk van Žižkov, vlak na voltooiing in 1933
◀ Graf Kafka

broer, de schilder Josef, waren beiden inwoners van Vinohrady. Links van de kerk
staat een gebouw met een flamboyante, typische neobarokgevel: het **Vinohra-
dy-theater** (Divadlo na Vinohradech, dat
'Theater in de Wijngaard' betekent). Dit
theater werd enkele jaren geleden nog gebruikt als filmlocatie voor *The Illusionist*
(2006), een Hollywoodfilm over een magisch kunstenaar in het Wenen van de late
19de eeuw.

Rondom Náměstí Míru worden steeds
meer goede cafés en restaurants geopend.
Het toenemende toerisme in wijken als
Malá Strana en Staré Město zorgt ervoor
dat Tsjechen buiten het centrum hun heil
zoeken, en dat maakt dat er in wijken als
Vinohrady en Žižkov steeds meer valt te
ontdekken.

Modernistisch kerkgebouw
Eén metrohalte verder op de groene
lijn, of een wandeling langs de straat Vi-
nohradská, brengt je naar het plein Jiřího
z Poděbrad (George van Podebrady). Op
dit plein staat de bekendste moderne kerk
van Praag (☐ pp. 54-55), de **Nejsvětější
Srdce Páně**, een bijna onuitsprekelijke
naam die zich laat vertalen als 'Het Meest
Heilige Hart van Onze Heer'. Deze kerk
stamt uit 1928 en werd gebouwd door de
Sloveense architect Jože Plečnik, die ook
verantwoordelijk was voor een groot aantal renovaties aan en rondom de burcht,
in de jaren dertig. Het plein markeert de
grens tussen Vinohrady en Žižkov.

Belehradska
De lange straat Belehradska loopt dicht
bij Náměstí Míru, vanaf achter het Nationaal Museum (zie pp. 114-115) tot diep in
Vinohrady. Aan deze straat vind je het **Radost FX**-complex: een discotheek, een mu-
ziek- en dvdwinkel en tevens het oudste
vegetarische restaurant van Praag in één
pand (zie ook de praktische informatie, p.

BUREAUCRATIE

Het kan geen toeval zijn dat het bekende ro-
manpersonage Josef K., die in het boek *Der
Prozess* (1925) volledig verstrikt raakt in een
bureaucratisch labyrint, ontsproten is aan het
brein van een Tsjechische schrijver, van Franz
Kafka in dit geval. Het bureaucratisch apparaat
is, en blijft, enorm in Tsjechië.

Een Tsjech zal niet graag uitrekenen hoeveel
uren, of dagen, van zijn leven hij of zij spendeert
aan het in de rij staan voor de juiste stempels
en handtekeningen. Een buitenlander die zich in
het land vestigt, of een bezoeker die te maken
krijgt met het Tsjechische juridische of over-
heidsapparaat zal zich verbazen hoeveel tijd en
energie gestoken wordt in schijnbaar onbelang-
rijke formele details.

Ook voor de installering van de communistische regering was de Tsjechische bureaucratie
berucht, en in de veertig jaar achter het IJzeren
Gordijn werd het niet veel beter. Sinds de val
van het communisme is het enigszins verbeterd,
maar ondanks alle politieke hervormingen en
beloften blijft het adagium '*You can't beat the
system!*'.

170). Verder zijn veel winkels, cafés en restaurants aan deze straat gevestigd. Wie
de straat opwaarts volgt, van het centrum
af, stuit op de toonaangevende moderne-
kunstgalerie AM 180, op nummer 45.

ŽIŽKOV
Van oudsher is de wijk Žižkov een echte arbeiderswijk. Al aan het begin van de
20ste eeuw woonde hier een groot deel
van de communistische aanhang.
Hoewel Vinohrady en Žižkov qua architectuur op elkaar lijken, heeft laatstgenoemde de reputatie ruig en een beetje
onveilig te zijn, wat een gevolg zou zijn
van het aanzienlijke percentage zigeuners
dat er woont. Inmiddels is dit wat achterhaald; Žižkov wordt op grote schaal opgeknapt en de jonge artistieke garde weet de

De TV-toren staat midden in een woonwijk.

ijver met de Berlijnse TV-toren. Op de plek waar de toren staat, lag eerst een Joods kerkhof, dat van 1787 tot 1891 in gebruik was. Het kerkhof moest het veld ruimen voor de futuristische droom van de communisten.

Je kunt met de lift naar boven en bij goed weer is het mogelijk over de stad heen te kijken. De toren zelf kan ook van vrijwel elk punt gezien worden. 's Avonds wordt hij verlicht met blauwe, rode en witte lampen (de kleuren van de Tsjechische vlag) en vallen de vreemde zwarte baby's die beeldhouwer David Černy in 2001 aan de toren toevoegde, iets minder op.

ⓘ ŽIŽKOV TV-TOREN, Mahlerovy sady, tel. (420) 242 418 784. Geopend: dag. 11–23 uur.

wijk maar al te goed te vinden.

Žižkov heeft waarschijnlijk de grootste café-dichtheid van Praag en is dan ook bijzonder geliefd bij het jonge uitgaanspubliek. Ook zijn er een gezellige 'biertuin', **Riegrovy sady**, en veel *pivnice* met een buitenterras. Maar de grootste attracties van de wijk zijn de TV-toren, de Vitkovheuvel en de begraafplaatsen aan de oostelijke rand van de wijk.

Žižkov TV-toren

De Žižkov TV-toren (Televizní vysílač) staat midden in een woonwijk. Het is het hoogste en zeer waarschijnlijk ook het lelijkste gebouw in heel Praag, gebouwd in de jaren zeventig in een poging tot wed-

Vitkov-heuvel

De Vitkov-heuvel, niet ver van de TV-toren, valt iets minder op, maar is eigenlijk veel indrukwekkender. De heuvel scheidt Žižkov van de wijk Karlín. In juli 1420 triomfeerden de Hussieten op deze plek onder leiding van hun eenogige generaal Jan Žižka. Het monument op de heuvel is volgens de Tsjechen zelf het grootste ruiterstandbeeld ter wereld en tot nu toe heeft niemand hen op het tegendeel gewezen. Wie de steile heuvel beklimt, kan niet anders dan onder de indruk zijn van het inderdaad heel grote standbeeld, en van het uitzicht over Praag dat de heuvel biedt. Achter het beeld staat een grote betonnen kolos, die ooit dienst deed als mausoleum. Hier ligt onder andere Klement Gottwald,

Overwoekerde graven op de begraafplaats

de eerste communistische president van Tsjecho-Slowakije, begraven. Er wordt beweerd dat het mausoleum, dat nu af en toe wordt gebruikt voor privéfeestjes, eens in de maand zijn deuren opent voor publiek, maar niemand weet precies wanneer. Andere berichten luiden dat men in de toekomst het mausoleum wil ombouwen tot een groot restaurant en een feestzaal. In 2007 werd voorzichtig begonnen met een grootscheepse renovatie: het ruiterstandbeeld zal enkele jaren 'uit zicht' verdwijnen. Het mausoleum speelde een kleine, enigszins ondergeschikte bijrol als 'tentoonstellingshal in Miami' in de James Bond-film *Casino Royale* (2006, 🕮 p. 29).

Begraafplaatsen

Aan de oostelijke rand van Žižkov liggen twee grote begraafplaatsen. De eerste, **Olšanské hřpitvis**, waarvan de ingang op een steenworp afstand ligt van de luxe *shopping mall* Florá, is een christelijke begraafplaats die oorspronkelijk bedoeld

was voor de slachtoffers van een grote epidemie in 1680. Op veel van de graven hier staan opmerkelijke glazen kistjes met daarin urnen, memorabilia of simpelweg

Kruidenierswinkeltje

Liefhebbers van bazars komen in Vinohrady en Žižkov ruimschoots aan hun trekken.

plastic bloemen. Sommige graven zijn geheel of gedeeltelijk ingepakt in plastic in een poging ze zo lang mogelijk te beschermen tegen weersomstandigheden. De tweede begraafplaats, nog verder richting het oosten, is een Joodse begraafplaats die in niets lijkt op de oude Joodse begraafplaats in Josefov. Deze nieuwe Joodse begraafplaats (**Nový židovský hřbitov**) werd geopend toen de begraafplaats die oorspronkelijk op de plek van de TV-toren lag, vol was. Het verschil tussen de arme en de rijkere families is duidelijk af te lezen aan de grafstenen; aan de rand staan de grote familietombes. Op dit kerkhof ligt Franz Kafka (pp. 48-49) begraven; bordjes wijzen de weg naar het familiegraf dat hij deelt met zijn ouders.

PRAAG, DE LITERAIRE MUZE

Hoewel Praag een prachtige, bij vlagen adembenemende stad is om te zien, is het nooit de grote favoriet geweest van schilders. Van oudsher is de stad wel een inspiratiebron voor schrijvers. Dat verklaart waarom de literaire traditie in Praag ook nu nog bijzonder levendig is. Iedereen kent natuurlijk Franz Kafka, maar zijn populariteit is buiten Praag waarschijnlijk groter dan zij binnen de stad ooit is geweest. Zeker is dat de stad nog veel meer grote schrijvers heeft voortgebracht, die in het buitenland misschien minder bekend zijn, maar wel geliefd zijn in Tsjechië.

Doordat de Duitse taal lange tijd dominant is geweest, is de Tsjechische literatuur niet zo omvangrijk als je zou verwachten. Pas in de 19de eeuw, toen het nationalisme opleefde, werden er voor het eerst boeken uitgebracht in het Tsjechisch. Voor die tijd, onder het regime van de Habsburgers, was dat riskant. Er ontstond nu een traditie van donkere, morbide sprookjes en legendes waarvan de vertelling *Babička*, van 'grootmoeder' Božena Němcová, de bekendste is.

Jaroslav Hašek

In 1923 verscheen *Osudy dobrého vojáka Švejka za světové války* (*De lotgevallen van de brave soldaat Švjek*), geschreven door Jaroslav Hašek. Hašek was een bohemien die in 1915 dienst nam in het Oostenrijks-Hongaarse leger om mee te vechten in de Eerste Wereldoorlog. Eenmaal aan het front stapte hij over naar de kant van de tsaristische Russen, om zich vervolgens na de Oktoberrevolutie van 1917 aan te sluiten bij de bolsjewieken. Het verhaal van Švjek is gebaseerd op Hašeks ervaringen in het leger; de hoofdpersoon schittert als een anti-autoritaire held met anarchistische trekjes die zijn superieuren op de hak neemt. Door sommigen wordt dit boek gezien als een van de eerste anti-oorlogsromans. Hoewel de Tsjechen een haat-liefdeverhouding met Hašek en zijn soldaat hebben, waarbij tegenstanders hen als 'te vulgair' bestempelen, laat het boek ook nu nog zijn sporen na in de Tsjechische cultuur. Zo worden de zinsneden *To che klid* ('Doe het rustig aan') of *Přísnost musí bejt!* ('Discipline is noodzakelijk!') uit het boek zelfs in kranten nog gebruikt, en is de term *švejkovat*, wat zoveel betekent als 'zich gedragen als een schurk', onderdeel van hedendaags taalgebruik.

Gustav Meyrink

Franz Kafka (📖 pp. 48-49) was niet de enige Joodse schrijver uit het begin van de 20ste eeuw. Zijn vriend (en latere biograaf) Max Brod was een bekend dichter; Gustav Meyrink en Paul Leppin waren romanschrijvers. Alle vier schreven zij in het Duits.

Gustav Meyrink publiceerde in 1915 de roman *Der Golem* (in het Nederlands vertaald als *De Golem*), gebaseerd op verhalen uit de 16de eeuw over rabbi Löw (📖 p. 101). De hoofdpersoon in Meyrinks debuutroman is de juwelier Athanasius Pernath, die in het Joodse getto woont. *Der Golem* vertelt over de levens van de gettobewoners, terwijl de golem zelf op de achtergrond optreedt als het bewustzijn van de Joodse wijk. Het boek werd tweemaal verfilmd door de expressionistische filmmaker Paul Wegener.

Anagrám, een van de beste boekhandels van Praag

Karel Čapek

Een andere grote schrijver uit de 20ste eeuw is Karel Čapek, waarschijnlijk het bekendst om zijn sciencefictionwerk. Zijn verhalen gingen niet over ruimtereizen of andere typische sf-thema's, maar over mogelijke toekomstscenario's en de ontwikkeling van het menselijk leven op aarde. Vanaf de jaren dertig kreeg Čapeks werk een politieke lading. Hij sprak zich uit tegen het nazisme in werken als *Bílá nemoc* ('De Witte Ziekte') uit 1937. Een van zijn bekendste werken is echter geen fictie, maar het boek *Hovory s Masarykem* (*Gesprekken met Masaryk*) uit 1928, gesprekken dus met de Tsjecho-Slowaakse president. Čapeks belangrijkste werken, zoals *Gesprekken met Masaryk* en *R.U.R.* zijn in de jaren twintig en dertig in het Nederlands vertaald, evenals de roman *Oorlog met de Salamanders*.

Bohumil Hrabal

Van de populaire Bohumil Hrabal is het bekendste boek het in 1965 in het buitenland gepubliceerde *Obsluhoval jsem anglického krále*, in Nederland verschenen als *Ik heb de koning van Engeland bediend*. Tijdens de communistische periode van 1948–1989 werd zijn werk door autoriteiten in eigen land verboden. Hrabal was een 'hyper-realist' met een bijzonder expressieve stijl, die absurdistische verhalen schreef en vertelde, bij voorkeur in zijn favoriete pivnice 'U zlatého tygra' ('Bij de Gouden Tijger') (zie p. 93). In 1997 kwam Bohumil Hrabal om het leven toen hij uit het raam viel van de ziekenhuiskamer waar hij tijdelijk verbleef. De kamer bevond zich op de vijfde verdieping en opmerkelijk genoeg komen in een aantal van zijn verhalen zelfmoorden voor waarbij mensen uit een raam op de vijfde verdieping springen.

Andere, in het Nederlands verkrijgbare titels van Hrabal zijn onder andere *De Toverfluit*, *Harlekijntjes miljoenen*, de verhalenbundel *Praagse Ironie*, *Al te luide eenzaamheid* en *Zwaarbewaakte treinen*.

Het verhaal over de soldaat Svejk werd diverse malen verfilmd.

Jana Beranová

De van oorsprong Tsjechische dichteres Jana Beranová vluchtte kort na de communistische overname van het land met haar ouders naar het westen. Uiteindelijk kwamen zij in Nederland terecht. Aanvankelijk werkte Beranova als vertaalster van Tsjechische literatuur; zo vertaalde zij de bekende roman van Milan Kundera, *De ondraaglijke lichtheid van het bestaan.* Zij werd door de Tsjechische staat onderscheiden voor haar verdiensten voor de Tsjechische literatuur in het buitenland. Zelf schreef ze enkele dichtbundels en een roman, die in het Nederlands verkrijgbaar zijn. Enkele titels zijn *Nu delen we een geheim* (roman) en *Tussen de rivieren* en *Tussentonen.* Beranová zet zich ook in voor vluchtelingen en vervolgde schrijvers wereldwijd.

Milan Kundera

Het cynisme en de humor van Bohumil Hrabal zie je ook terug bij Milan Kundera, de inmiddels 'verfranste' schrijver die Tsjecho-Slowakije in 1975 voorgoed verliet. Kundera heeft altijd veel geschreven over de situatie in zijn geboorteland tijdens en na het communisme. Wereldberoemd is zijn boek *Nesnesitelná lehkost bytí* (1983), in het Nederlands vertaald als *De ondraaglijke lichtheid van het bestaan.* Deze roman, tevens verfilmd, speelt zich af tijdens de Praagse Lente van 1968 en de daarop volgende inval van Russische troepen. De licht-filosofische roman toont vier verschillende hoofdpersonen die, tegen de achtergrond van de politieke omwentelingen, hun leven richting proberen te geven. Milan Kundera schrijft zijn romans sinds 1989 in het Frans. Bijna het hele oeuvre van Kundera is vertaald in het Nederlands, waaronder bekende en minder bekende titels als *De grap, Het leven is elders, De kunst van de roman* en *Onwetendheid.*

Václav Havel

Václav Havel, de eerste democratisch gekozen president van Tsjecho-Slowakije na 1948, was in een vorig leven toneelschrijver; hij had al op jonge leeftijd een grote interesse voor poëzie. Na het vervullen van zijn militaire dienstplicht, eind jaren vijftig, ging hij aan de slag in verschillende theaters; eerst als technicus achter de schermen, later ook als toneelschrijver. Zijn eerste toneelstuk, *Zahradní slavnost* ('Het Tuinfeest'), werd in 1963 opgevoerd en was een satire op het systeem van de bureaucratie.

Na de Praagse Lente werd Havel als dissident bestempeld en mocht zijn werk niet langer gepubliceerd worden. Hij werd één van de oprichters van de dissidentenbeweging Charta 77; in deze periode kreeg zijn werk een enorme politieke lading. Veel

Er is een zeer ruime keuze aan oude boeken in de talrijke antikvariáts die Praag rijk is.

van zijn toneelstukken zijn gebundeld uitgegeven en ook vertaald in het Engels, evenals de bundels *Open Letters* en *Letters to Olga*, die ook in het Nederlands verscheen (*Brieven aan Olga*), met daarin brieven die hij schreef in gevangenschap. In 2006 verscheen zijn autobiografie, in het Engels toepasselijk vertaald als *To the Castle and Back*.

Moldaviet

In 2008 is de Nederlandse uitgeverij Voetnoot begonnen met het publiceren van korte verhalen van verschillende Tsjechische schrijvers. De reeks heet 'Moldaviet', genoemd naar de transparant groene edelsteen die rondom de Vltava gevonden wordt. Onder de schrijvers bevinden zich grote namen als Bohumil Hrabal, maar ook een schrijfster als Magdaléna Platzová, een naam die in Nederland minder bekend is. Veel van de korte verhalen bevatten een, al dan niet cynisch, commentaar op de politieke en maatschappelijke omstandigheden in het Tsjechië van de 20ste eeuw.

8

Rust en ruimte in de buitenwijken

Ten noorden van de Vltava liggen de wijken Holešovice, Dejvice en Troja. Deze wijken zijn niet vergelijkbaar met Malá Strana of Staré Město; hier wonen en werken de Tsjechen, en de grote groepen toeristen hebben hier weinig te zoeken. Toch is ook hier een aantal leuke bezienswaardigheden te vinden.

HOLEŠOVICE

Letná-park

Aan de rand van de Vltava torent het mooie Letná-park, dat een interessante geschiedenis kent, boven de stad uit. In de periode 1948–1989 werd dit park voornamelijk gebruikt voor Meiparades, waarbij duizenden Tsjechen langs het Sparta-stadion, aan Milady Horákové, marcheerden om hun communistische leiders te eren, die daar op een groot rood podium hadden plaatsgenomen. Tegenwoordig komen de communisten hier nog steeds bij elkaar op 1 mei, maar in beduidend kleinere aantallen.

Aan de rand van het park staat nu een ietwat vreemd standbeeld: een rode metronoom die meestal naar links of naar rechts stil staat. Het enorme marmeren voetstuk waar de metronoom op staat, is het enige wat nog over is van het oorspronkelijke standbeeld op deze plek: een beeld van Josef Stalin, uitgevoerd in roze marmer. Het kostte 600 arbeiders bijna drie jaar om het in totaal bijna dertig meter hoge beeld van Stalin, met in zijn kielzog een proces-

▲ Het reusachtige Stalin-beeld dat boven de stad uit torende...
◀ Het uitbundig gekleurde Troja-kasteel

... en niet lang daarna werd opgeblazen

sie van Tsjechische en Russische kamera-
den, te voltooien. De beeldhouwer Otakar
Švec pleegde opmerkelijk genoeg zelfmoord voor het beeld er helemaal stond
en ook Josef Stalin zelf maakte het niet
meer mee; pas in 1955, twee jaar na Stalins dood, werd het beeld onthuld. Ondanks de grote moeite die ermee gepaard
was gegaan, konden de Tsjechen niet
lang van het beeld genieten. Nadat Nikita
Chroesjtsjov, Stalins opvolger, in februari 1956 tijdens het 20ste partijcongres van
de Communistische Partij zijn beroemde voorganger beschuldigde van massa-
moord stond het beeld er opeens wat verloren bij. Moskou besloot gegeneerd dat
het verwijderd moest worden en in 1962
werd het met behulp van maar liefst 800
kilo aan explosieven opgeblazen. De huidige metronoom staat er sinds 1991 en het
stadsbestuur speelt met het idee om in het
voetstuk, waar nu nog een atoomkelder in
zit, een groot aquarium onder te brengen.
Nu wordt de ruimte incidenteel gekraakt
en gebruikt voor grote feesten, terwijl de
bovenkant van het voetstuk vrij spel geeft
aan skaters.

Links van de metronoom ligt **Hanavský
pavilón**, een café dat eruitziet als een
klein Russisch kerkje.

Nationaal Technisch Museum

Aan de oostelijke zijde van het Letná-park
ligt een woonwijk, met daarin het Nationaal Technisch Museum (Národní technické muzeum). Denk vooral niet dat dit
een stoffig museum is. Tsjecho-Slowakije
was tot aan 1948 één van de meest inno-
vatieve landen ter wereld en het museum toont de geschiedenis van de ontwikkeling van technologie en wetenschap.
Vojta Náprstek, een aanhanger van het
19de-eeuwse nationalisme, was de geestelijke vader van dit museum. Hij was ook
verantwoordelijk voor het museum gewijd aan primitieve culturen, Náprstkovo museum, in Staré Město (zie p. 92). In
de Transporthal van het museum worden
oude voertuigen tentoongesteld, zoals pro-
pellervliegtuigen en een auto uit 1898. Er

FRANTIŠEK KUPKA

In de zomer van 2007 was er in het Kampa Museum een tentoonstelling te zien getiteld 'Kupka/Mondriaan', waarbij werken van František Kupka en Piet Mondriaan naast elkaar getoond werden. Hoewel het hier een Tsjechische en een Nederlandse kunstenaar betrof, was de combinatie zeker niet uit de lucht gegrepen, omdat beiden een grote rol hebben gespeeld in de ontwikkeling van abstracte kunst en hun werken opvallende gelijkenissen tonen.

František Kupka, geboren in 1871 in het Oost-Boheemse Opočno, is waarschijnlijk de

F. Kupka, Studie voor cirkels en rechthoeken, gouache 1928–1930

bekendste Tsjechische kunstenaar van de 20ste eeuw. Hij wordt beschouwd als een grondlegger van de abstracte kunst en het orfisme, een stroming die de schilderkunst beschouwt als het combineren van 'kleursensaties'.

Aan het einde van de 19de eeuw was Kupka een student aan de kunstacademie van Praag, waar hij zich voornamelijk bezighield met het schilderen van patriottistische thema's, wat in die tijd vrij gebruikelijk was. Toen hij zijn studie voortzette in Wenen veranderde zijn werk, evenals zijn interesseveld. Hij begon zich te verdiepen in theosofie en oosterse filosofieën, net als zijn Nederlandse tijdgenoot Piet Mondriaan.

Een kennismaking met het futurisme, nadat František Kupka zich eenmaal in Parijs had gevestigd, zorgde voor een abstrahering van zijn werk, zo rond 1910. Ideeën over de rol van klank en kleur in kunst beïnvloedden zijn werk; het is hier dat de invloed van orfisme duidelijk werd. Gedurende zijn verblijf in Parijs groeide Kupka uit tot een gewaardeerd kunstenaar die regelmatig exposeerde.

In de jaren dertig was hij een van de oprichters van het kunstenaarscollectief Abstraction-Création, dat de abstractie binnen de moderne schilderkunst propageerde. In de daarop volgende decennia bleef Kupka's ster rijzen; hij had zelfs solotentoonstellingen in New York. Hij keerde nooit terug naar zijn geboorteland en stierf in 1957 in het Franse Puteaux.

Wie het werk van František Kupka ziet wordt gegrepen door zijn gebruik van kleur. Kupka had een grote belangstelling voor kleurtheorie en begon in het begin van de 20ste eeuw 'kleurwielen' te ontwikkelen, gebaseerd op eerdere kleurexperimenten van Isaac Newton. Dit leidde tot een reeks schilderijen getiteld Discs of Newton (1911–1912). Hoewel de werken van František Kupka overal ter wereld hangen, zijn in Praag redelijk wat van zijn schilderijen terug te zien. Vooral het echtpaar Mládek van het Kampa Museum, dat ooit begon met de aankoop van één schilderij van Kupka, bracht de kunstenaar als het ware terug naar zijn geboorteland. Naast het Kampa Museum (zie p. 67) toont ook het Veletržní-paleis in de wijk Holešovice (zie p. 144) werken van Kupka.

is ook een tentoonstelling gewijd aan de ontwikkeling van de fotografie. Het is mogelijk om een Engelstalige rondleiding te volgen in de namaakmijnen in de kelder van het gebouw.

ⓘ NATIONAAL TECHNISCH MUSEUM, Kostelní 42, tel. (420) 220 399 111, www.ntm.cz. Geopend: di.–vr. 9–17, za.–zo. 10–18 uur.

Veletržní-paleis van moderne kunst

Niet ver van het Nationaal Technisch Museum, aan de brede straat Dukelských hrdinů en dicht bij metrostation Vltavská, ligt het enorme Veletržní palác: een functionalistisch gebouw waar permanente collecties kunst uit de 19de, 20ste en 21ste eeuw worden tentoongesteld.

In 1925 werd begonnen met de bouw van dit vijf verdiepingen tellende gebouw en vier jaar later werd het geopend. Aanvankelijk diende het als beursgebouw voor handelsbedrijven, tot het in 1974 werd verwoest tijdens een brand. Na de reconstructie in 1995 werd het in gebruik genomen voor de permanente tentoonstelling van moderne en contemporaine kunst in

het bezit van de Narodní Galerí; enkele jaren geleden werd de collectie 19de-eeuwse kunst hieraan toegevoegd.

Om alles op je gemak te kunnen bekijken is het aan te raden om een paar uur uit te trekken. Elke verdieping bevat naast schilder- en beeldhouwkunst ook meubels en toegepaste kunstwerken uit de betreffende perioden.

De collectie 19de-eeuwse kunst toont tal van Tsjechische kunstenaars uit de romantische en realistische school, onder wie Alphonse Mucha (▢ pp. 128-129) en František Bílek. De derde verdieping toont kunst uit de eerste drie decennia van de 20ste eeuw. Ruim vertegenwoordigd is František Kupka, waarschijnlijk de bekendste Tsjechische kunstenaar uit de 20ste eeuw (▢ p. 143).

Op de tweede verdieping vind je kunst uit de periode 1930 tot nu, met onder andere een klein zaaltje met een doorlopende vertoning van filmpjes. Hier wordt ook duidelijk hoe de moderne kunst zich ontwikkelde toen Tsjecho-Slowakije gebukt ging onder het communisme; zo is er een col-

Planetarium

lectie socialistisch realisme. Beneden is ten slotte een ruimte voor tijdelijke tentoonstellingen, en een vaste collectie met buitenlandse kunst, met klinkende namen als Gustav Klimt, Egon Schiele en Piet Mondriaan.

Het hele gebouw is zo groot en de collectie zo omvangrijk, dat het ook mogelijk is tegen gereduceerd tarief slechts een deel te bekijken. Het Veletržní palác is een bezoek absoluut waard, alleen al vanwege de architectuur van het gebouw zelf.

ⓘ VELETRŽNÍ-PALEIS, Dukelských hrdinů 47, tel.
(420) 224 301 122, www.ngprague.cz. Geopend: di.–zo. 10–18 uur.

Stromovka-park

Op een paar minuten wandelen van het Veletržní palác ligt het **Výstaviště**: een verzameling gebouwen in een parkachtige omgeving, oorspronkelijk bedoeld voor de Wereldtentoonstelling van 1891. Het grote **Průmislový palác**, met een mooie gevel van gietijzer en glas, wordt ook nu nog veelvuldig gebruikt voor grote tentoonstellingen en beurzen. In het park zelf liggen onder andere een **Planétarium** en **Mořsky svět**, een groot aquarium. Beide zijn leuke attracties voor kinderen (zie p. 148). De **Krizikova-fontein** (Křižíkova fontána) wordt in de zomermaanden geactiveerd voor een waterspektakel met licht en geluid. Stromovka is het grootste park van Praag, en werd vroeger gebruikt als jachtgebied door de inwoners van de burcht. Je kunt er doorheen wandelen richting Troja.

TROJA

Een bezoek aan de wijk Troja, helemaal in het noorden van de stad, wekt de indruk alsof men al ver van de stad verwijderd is. Eigenlijk heeft Troja maar drie attracties, die gezamenlijk bezocht kunnen worden met een Troja-ticket, voor zowel het Trojakasteel, de botanische tuinen en de Praagse dierentuin.

DE OVERSTROMING VAN 2002

De zomermaanden van het jaar 2002 werden gekenmerkt door hevige regenval, met name in Centraal-Europa. Hoogwater en overstromingen waren het gevolg. Ook Tsjechië werd getroffen door deze weersomstandigheden, en in Zuid-Bohemen begon de Vltava op sommige plekken buiten haar oevers te treden. De verschillende stuwmeren in de rivier konden het overtollige water niet aan en het bereikte al snel de hoofdstad. Toen het waterpeil van de Vltava 7 m was gestegen, trad de rivier in Praag buiten haar oevers.

Het overstromen van Staré Město kon ternauwernood voorkomen worden door het plaatsen van zandzakken op de oever. Het stadsdeel Karlín liep wel grotendeels onder water, evenals het metronetwerk, dat grote schade leed. Bepaalde delen van het traject werden zwaar beschadigd en op twee plaatsen brak het water door de muren heen. Het duurde tot bijna drie maanden na de overstroming voor het metronet weer kon worden gebruikt.

Ook het Nationaal Theater aan de oever van de rivier werd hevig getroffen, evenals de dierentuin in de wijk Troja. Meer dan 1000 dieren moesten snel in een nieuw onderkomen geplaatst worden; soms was het slechts een kwestie van uren. Het was de grootste evacuatie van dieren ter wereld. Veel van de dieren konden in andere Tsjechische dierentuinen worden ondergebracht, maar 134 overleefden de overstroming helaas niet. Veel van de gebouwen en onderkomens raakten beschadigd, en zelfs na de heropening waren grote delen van de dierentuin niet geschikt om te bezoeken. De totale schade werd geschat op CZK 232 miljoen.

Een grootscheepse liefdadigheidsactie zorgde ervoor dat het benodigde geld voor renovatie bij elkaar werd gebracht, en bij de heropening van de dierentuin was deze moderner dan ooit tevoren. In de dierentuin geeft een lange stok nu het hoogste punt van het water aan; een ongelofelijke 10 meter.

Vechtende titanen bij het Troja-kasteel

Troja-kasteel

Het Troja-kasteel (Trojský zámek) werd aan het einde van de 17de eeuw gebouwd voor de machtige Šternberg-familie, die ook het Šternberg-paleis in Hradčany liet bouwen (zie p. 51). Het kasteel is bijna opdringerig donkerrood van buiten. De binnenkant kan alleen bezichtigd worden met behulp van een gids en dat is de enige manier om de imposante fresco's in de grote hal te zien, waarop de heldendaden van de Habsburger Leopold I zijn verbeeld. De tuin rondom het kasteel is vrij te betreden en niet minder indrukwekkend. Let vooral goed op de grote beeldhouwwerken, die vechtende titanen voorstellen.

ℹ TROJA-KASTEEL, U Trojského zámku 1. Geopend: nov.–mrt. za.–zo. 10–17, apr.–sept. di.–zo. 10–18 uur.

Dierentuin

Vrijwel direct naast het Troja-kasteel stoppen de bussen voor de populairste attractie van Troja: Praha Zoo (Zoologická zahrada v Praze). De dierentuin van Praag bestaat al sinds 1931, maar heeft enkele jaren geleden een hypermodern jasje gekregen. Na de overstroming van 2002 (⊞ p. 145), waarbij veel dieren verdronken, is de dierentuin grondig gerenoveerd en zijn de ooit nog krappe dierenverblijven vervangen door ruime hokken. Indrukwekkend zijn de overdekte jungle, de 'aapjestuin' in de openlucht en het grote open gedeelte waar de giraffen zich bevinden. Hier kun je de plateaus op verschillende hoogten betreden, zodat je met een beetje geluk oog in oog staat met de giraffen. Vooral voor kinderen is Praha Zoo een onmisbare attractie (zie ook p. 148); er zijn onder andere een educatief centrum voor kinderen en een kinderboerderij waar kleine kinderen, onder toezicht, dieren mogen aaien en voederen.

ℹ DIERENTUIN, U Trojského zámku 3, tel. (420) 296 112 111, www.zoopraha.cz. Geopend: nov.–febr. dag. 9–16, mrt. dag. 9– 17, apr.–mei en sept. –okt. dag. 9–18, juni–aug. dag. 9–19 uur.

Botanische tuinen

Ten noorden van het kasteel bevinden zich de botanische tuinen (botanická zahrada Praha). Deze tuinen zijn wel iets indrukwekkender dan de botanische tuinen in Nové Město (zie p. 125), met onder andere een wijngaard, een Japanse tuin en natuurlijk een spectaculair uitzicht over Praag. Iets meer heuvelop staat een nieuwe plantenkas genaamd Fata Morgana;

Praha Zoo is onmiskenbaar een van de mooiste dierentuinen van Europa.

hier vliegen vlinders tussen de tropische planten rond. De website van de tuinen biedt, ook in het Engels, informatie over de tuinen zelf en verschillende seizoensgebonden evenementen.

ⓘ BOTANISCHE TUINEN, Nádvorní 134, tel. (420) 234 148 111, www.botanicka.cz. Geopend: nov.–mrt. dag. 9–16, apr. dag. 9–18, mei–sept. dag. 9–19, okt. dag. 9–17 uur.

DEJVICE

De straat Jugoslávských partizanů

De wijk Dejvice is een woonwijk ten noordwesten van de Vltava. Hier wonen en werken de Tsjechen, en hoewel deze wijk zich wel in snel tempo aan het ontwikkelen is wat betreft cafés en restaurants, zijn er geen echte bezienswaardigheden. Vanaf de rotonde bij metrostation Dejvicka, het beginpunt van lijn A, loopt een brede weg naar het noorden, de Jugoslávských partizanů. Halverwege deze weg, bij de eindhalte van tram 8, ligt aan de linkerkant **Hotel Crowne Plaza**. Dit opmerkelijke gebouw ademt nog één en al communistische architectuur uit, compleet met gevelscènes van landbouwers en arbeiders. Op het dak prijkt een lange, spitse staak met daarop een vijfpuntige ster, het symbool van het communis-

Uitzicht vanaf Hotel Crowne Plaza

me. Bij storm wordt deze vakkundig in het dak geschoven om te voorkomen dat hij afbreekt. Het hotel werd vroeger gebruikt door militairen, en nu voornamelijk door zakenlieden die zich niet van de wijs laten brengen door het opmerkelijke uiterlijk van het gebouw.

Baba

Helemaal aan het einde van Jugoslávských partizanů, waar de weg overgaat in een ringweg rondom Praag, ligt de wijk Baba. Baba is de naam van de oude ruïne die boven aan de berg staat, volgens sommigen in de 17de eeuw gebouwd als *folly*, een opzettelijk nutteloos bouwwerk. Anderen beweren dat Baba een veel oudere uitkijkpost was. Op heldere dagen (en nachten) biedt Baba een mooi uitzicht over het noordwestelijke gedeelte van Praag.

Ook interessant is de wijk om Baba heen: hier staan 33 villa's, gebouwd door functionalistische architecten onder leiding van Pavel Janák, één van de geestelijk leiders van het Tsjechisch kubisme. De bouw van de huizen, aan het begin van de 20ste eeuw, was onderdeel van een vrij radicaal project waarbij een groep toonaangevende architecten luxe huizen ontwierp voor 'gewone' Tsjechische families, daarbij gebruikmaakte van open ruimten en eenvoudige materialen, met een optimaal resultaat. Helaas werden de huizen, eenmaal voltooid, voornamelijk gekocht door de wat rijkere culturele elite van de stad; niet helemaal volgens de ideologie van Janák en zijn architecten. De huizen staan er nog steeds, en sommige zijn nog exact in dezelfde staat als waarin ze gebouwd zijn. Helaas zijn ze niet opengesteld voor publiek, maar geïnteresseerden kunnen natuurlijk altijd een wandeling door de straten maken.

PRAAG VOOR KINDEREN

Praag kan ook voor kinderen een leuke stad zijn om te bezoeken, door het pittoreske karakter van de oude wijken, de kerken en bruggen en de bijna sprookjesachtige uitstraling van de burcht. Tsjechen zijn kindvriendelijk en Praag is dan ook een kindvriendelijke stad; dit alleen al door het grote aantal parken in de stad. Wie de drukke straten even wil vermijden, hoeft meestal niet lang te zoeken. En de meeste grote parken hebben een uitgebreide speeltuin.

Zowel het Planetarium als de dierentuin zijn geschikte plekken om kinderen mee naar toe te nemen.

Om te bezichtigen
Kinderen met belangstelling voor geschiedenis zullen onherroepelijk gefascineerd raken door de rijke historie van de stad, met name die van oude wijken als Malá Strana, Hradčany en Staré Město. Plekken als de Karelsbrug of het Oude Stadsplein worden door kinderen vaak zeer gewaardeerd.
Ook is het leuk om met wat oudere kinderen een boottocht te maken. Of een waterfiets of bootje te huren om de Vltava op te gaan.

Attracties
Met kinderen mag je de **Praha Zoo** (zie p. 146) zeker niet overslaan. Deze dierentuin, na de grote overstroming van 2002 grondig herbouwd, biedt zeker genoeg amusement voor een hele dag, ook voor volwassenen. Er zijn een educatief centrum voor kinderen en een kinderboerderij waar de kleinste bezoekers, onder toezicht, dieren mogen aaien en voeden. Ook zijn er bepaalde overdekte gedeelten waar je bijna letterlijk tussen de dieren in loopt, evenals in de 'aapjestuin' in de openlucht, niet ver van de ingang, waar de apen letterlijk om je heen rennen. Plezier gegarandeerd!
Op de **Petřín-heuvel** is zowel het **Spiegellabyrint** (Zrcadlové bludisté) als de **Petřín-toren** (Rozhledna) een leuke attractie voor kinderen.
Voor een tripje onder water moet je naar **Sea World**, in de wijk Holešovice. Dit reusachtige aquarium heeft zo'n 300 verschillende soorten zeedieren, waaronder een paar indrukwekkende haaien.
ⓘ MOŘSKÝ SVĚT, Výstaviště, Holešovice, tel. (420) 220 103 275, www.morsky-svet.cz. Geopend: dag. 10–19 uur.

Straatfair

tig theaterfestivals in de openlucht, zoals bijvoorbeeld op Kampa-eiland. In de agenda van *Prague Post*, die elke woensdag verschijnt, staan alle actuele voorstellingen vermeld.

ⓘ DIVADLO MINOR, Vodičkova 6, Nové Město, tel. (420) 222 231 701, www.minor.cz. Kassa doorgaans geopend: ma.–vr. 9–13.30 en 14.30–20, za.–zo. 11–20 uur.

Musea

Niet alle musea in Praag zullen door kinderen evenveel gewaardeerd worden. Er zijn echter wel een paar uitzonderingen. Het **Nationaal Museum** (Národní muzeum) (zie ook p. 114) biedt op de bovenste verdieping een indrukwekkende verzameling opgezette dieren, wat veel kinderen spannend vinden. Het **Nationaal Technisch Museum** (Národni technické muzeum) (zie ook p. 142) is ideaal voor die kinderen die zich interesseren voor techniek en transport. Er staan veel oude trein- en tramwagons, die soms ook betreden mogen worden.

Poppentheater

Poppentheater heeft sinds de opleving van het Tsjechisch nationalisme in de 19de eeuw een belangrijke plaats ingenomen in de geschiedenis van de Bohemen. Ook nu is het nog steeds populair, en het is zeker voor kinderen aan te raden om een keer een voorstelling te bezoeken. Er is een aantal theaters die speciale kindervoorstellingen geven; **Divadlo Minor** in Nové Město is zeker aan te raden. Ook voor wie de taal niet verstaat een leuk cultureel uitje.

In de zomermaanden zijn er regelma-

Speelgoedwinkels

Tsjechië kent een lange traditie in **houten speelgoed**. Vrijwel alle reguliere speelgoedwinkels hebben een breed assortiment houten speelgoed, evenals de winkels van **Manufaktura**. De in het centrum gelegen winkel **Beruška** is één van de speelgoedwinkels met een ruim assortiment.

Let in speelgoedwinkels ook op de aanwezigheid van **Krtek**, de Tsjechische mol (die ook gewoon 'Mol' heet) die al decennialang bijzonder populair is onder kinderen, en niet geheel onbekend in andere Europese landen. Krteks verschijning is in alle soorten, maten en materialen verkrijgbaar en siert ook T-shirts, kalenders en schrijfwaren.

Teta Tramtárie is een waar kinderparadijs; het omvat een speelgoedwinkel, een kinderboekenwinkel, een kinderbioscoop en een grote indoor speeltuin.

ⓘ BERUŠKA, Vodičkova 30 (in de Lucerna passage), Praha 1, Nové Město, tel. (420) 221 014 607. Geopend: ma.–vr. 9–19, za. 10–16 uur.

SPARKY'S DŮM HRAČEK, Havířská 2, Praha 1, Staré Město, tel. (420) 224 239 309, www.sparkys.cz. Geopend: ma.–za. 10–19, zo. 10–18 uur.

TETA TRAMTÁRIE, Jungmannova 28, Praha 1, Nové Město, www.tetatramtarie.cz. Geopend: dag. 7.30–20 uur.

9

Trips buiten Praag

In de omgeving van Praag liggen genoeg steden die de moeite van een bezoek waard zijn. Wie langere tijd in de stad verblijft en één of meer dagen wil uittrekken voor een trip buiten de stad, heeft dan ook keuze genoeg. Het contrast tussen Praag en zijn omgeving kan zeer groot zijn; er is een duidelijke en vrij abrupte overgang van stad naar platteland, zodra men voorbij de grauwe buitenwijken van Praag komt. Wie per trein of auto de stad verlaat, lijkt soms in een andere wereld terecht te komen. Een trip naar één van de omringende steden is zeer de moeite waard, al was het maar vanwege de reis zelf. Wie de snelweg achter zich laat en de kleine autowegen kiest, kan genieten van eindeloze, rustige ritten in prachtige landschappen. In deze gids komen drie steden in de buurt van Praag aan de orde; zij zijn geschikt voor een uitstapje van een dag en zijn bovendien ook goed bereikbaar met het openbaar vervoer.

De begraafplaats van Terezín

TEREZÍN

Het stadje Terezín, ook wel **Theresienstadt** genoemd, ligt 50 km ten noordwesten van Praag. Het vestingstadje werd in 1870 gebouwd voor Josef II, die Praag met behulp van verschillende vestingen probeerde te beschermen tegen Pruisische aanvallen. Terezín is bekend vanwege zijn status tijdens de Tweede Wereldoorlog; de nazi's maakten van de stad één groot doorvoerkamp, van waaruit tienduizenden Joden naar concentratiekampen in het oosten werden doorgestuurd; de meeste gedeporteerden eindigden in

Auschwitz. Het fort ten westen van het centrum van Terezín werd gebruikt als gevangenis; in totaal passeerden er meer dan 140.000 mannen, vrouwen en kinderen.

🛈 TEREZÍN. Vanaf Praag goed bereikbaar met de bus. Vanaf station Florenc (lijn C) vertrekken er regelmatig bussen richting Terezín; de reis duurt ongeveer vijf kwartier. Controleer goed de vertrektijden voor de terugreis vanuit Terezín! Met name in het weekend rijden bussen onregelmatig en niet laat. Het dichtstbijzijnde treinstation is dat van Bohušovice nad Ohří, 2 km ten zuiden van het Kleine Fort. Met de auto is Terezín te bereiken via de E55 vanaf de wijk Holešovice, via Veltrusy.

◀ *Blik op het pittoreske oude centrum van Kutná Hora*

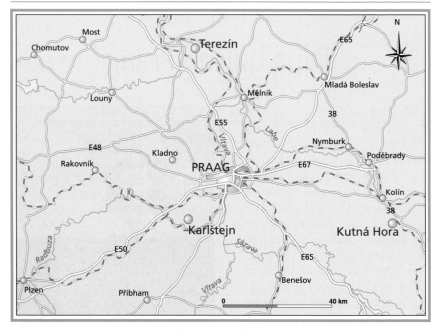

De omgeving van Praag

'Kleine Fort'

Buiten het centrum van de stad ligt het Kleine Fort (Malá pevnost). Het werd door de Gestapo gebruikt als gevangenis voor 'politieke gevangenen'. Om het fort te bereiken loop je langs een begraafplaats waar meer dan 10.000 slachtoffers van de Tweede Wereldoorlog begraven liggen. Het fort zelf is uitgebreid te bezichtigen; bij de ingang krijg je een plattegrond van het hele complex met uitleg (ook in het Nederlands). Vrijwel alle gebouwen en cellen zijn van binnen te zien, en sommige ervan zijn nog gemeubileerd. Het is ook mogelijk door een gedeelte van de vestingmuur zelf heen te lopen; een lange en in drukwekkende wandeling door de kleine, donkere gangen die in de muur zijn aangebracht.

In de voormalige bioscoop van het fort, die tijdens de Tweede Wereldoorlog bestemd was voor het bewakingspersoneel, is nu een documentaire te zien over de zwarte geschiedenis van de stad. In 1941 werd in Terezín door de nazi's een 'promotiefilm' gemaakt, om aan te tonen dat de gevangenen zogenaamd een normaal en goed leven hadden in het kamp. De film was bedoeld om leden van het Rode Kruis, die een inspectie van het kamp hadden aangekondigd, te misleiden. In het getto werd een aantal winkels en cafés gecreëerd, zodat het leek alsof het werkelijk een klein stadje betrof. Scènes van deze promotiefilm, getiteld *De Führer geeft de Joden een stad,* worden in de documentaire getoond: je ziet gevangenen met elkaar voetballen, vrouwen die winkelen, kletsend en lachend. Een enorm contrast met de werkelijkheid; de leefomstandigheden waren bijzonder slecht en de gevangenen die onder dwang in de film figureerden, werden nadien omgebracht. De film sorteerde wel effect; na het zien ervan besloot het Rode Kruis dat Terezín een 'veilige' plek was. De nazi's wilden de film daarna door Europa verspreiden als propagandamiddel, maar dit is uiteindelijk nooit gebeurd.

Het Kleine Fort van Terezín

rezín door de nazi's. Voorheen was er op de begane grond een tentoonstelling van tekeningen gemaakt door kinderen in het kamp, maar die is nu verplaatst naar de Pinkas-synagoge in de Praagse wijk Josefov.

ⓘ GETTO MUSEUM, Komenského 411, tel. (420) 416 782 225, www.pamatnik-terezin.cz. Geopend: nov.–mrt. dag. 9–17.30, apr.–okt. dag. 9–18 uur.

In het zuiden van het centrum liggen de **Magdeburger barakken.** Hier is een tentoonstelling te zien die aandacht schenkt aan het culturele leven in Terezín tijdens de Tweede Wereldoorlog. De verschillende Joodse muzikanten, schilders en schrijvers die in het kamp verbleven, droegen allemaal hun steentje bij aan een, ondanks de erbarmelijke omstandigheden, bloeiend cultureel klimaat. Zo werden er in het getto bijvoorbeeld ondergrondse tijdschriften gemaakt en verspreid. Ook is hier te zien hoe de nazi's de aanwezigheid van artistieke talenten in het getto misbruikten voor eigen propagandadoeleinden.

ⓘ MAGDEBURGER BARAKKEN. Geopend: nov.–mrt. dag. 9–17.30, apr.–okt. dag. 9–18 uur.

Behalve de korte documentairefilms in de bioscoop zijn er in verschillende ruimten, verspreid over het complex, tentoonstellingen die informatie verschaffen over de geschiedenis van het Kleine Fort van 1780 tot nu.

ⓘ KLEINE FORT, tel. (420) 416 782 225, www.pamatnik.terezin.cz.
Geopend: nov.–mrt. dag. 8–16.30, apr.–okt. dag. 8–18 uur.

Getto Museum

Het Getto Museum bevindt zich in het centrum van het stadje. Vanaf het fort is het centrum te bereiken via een korte wandeling door de mooie omgeving. De permanente tentoonstelling geeft uitgebreid informatie over de bezetting van Te-

Het centrum van Terezín kent verder weinig bezienswaardigheden. Voor een goede maaltijd en een eventuele overnachting is **Hotel Memorial**, niet ver van het Getto Museum, een geschikte plek.

ⓘ HOTEL MEMORIAL, Náměstí ČSA 180, tel. (420) 416 783 082, www.hotel-memorial.cz.

KUTNÁ HORA

Ongeveer 70 km ten oosten van Praag ligt

DE *CHATA*

Wie een weekend in Praag verblijft, of de stad in het hoogseizoen bezoekt, kan zich op een zeker moment afvragen waar alle Tsjechen zijn gebleven. Het lijkt dan of alleen toeristen en bezoekers de stad bemannen. Dat kan kloppen, want een deel van de bevolking, vooral de wat oudere inwoners, kiest ervoor om de weekenden en (delen van) de vakantieperioden door te brengen buiten de stad, in hun eigen buitenhuisje. Vrijwel elke familie in Praag heeft de beschikking over een *chata*, een eenvoudige houten bungalow op het platteland; een *chalupa* is een luxere uitvoering ervan.

Het fenomeen buitenhuisje stamt uit de jaren zestig en zeventig. Dit was een periode waarin de bevolking in hoog tempo toenam en de steden in Tsjecho-Slowakije rap groeiden. Mensen woonden dicht op elkaar en de behoefte om de stad te ontvluchten was groot; het was onder het communisme immers niet toegestaan in het buitenland op vakantie te gaan. In een maatschappij waarin alles staatsbezit was en alle onderdelen van het dagelijks leven werden gereguleerd door de overheid, bood een chata de gelegenheid om even helemaal zelfstandig en vrij te zijn. Weg van de grote sociale controle. De grote hoeveelheden land rondom de buitenhuisjes maakten het mogelijk om te tuinieren en zelf groenten te verbouwen. Sommige chata's werden door de eigenaren eigenhandig gebouwd, of uitgebreid.

Heden ten dage zijn de chata's minder populair dan vroeger. Sinds de val van het communisme staat het de Tsjechen vrij om te reizen zoveel ze willen en velen doen dat ook. Talrijke chata's worden nu gekocht door buitenlanders, die een ouderwets buitenhuisje op het Tsjechische platteland maar wat romantisch vinden.

De St. Barbara-kathedraal: een gotisch meesterwerk

Kutná Hora. Wie deze stad inrijdt, zal niet direct geloven dat Kutná Hora op de Werelderfgoedlijst van de Unesco staat. De grauwe betonnen flats in de buitenwijken ogen bepaald niet aantrekkelijk. Maar het oude centrum is werkelijk prachtig en een bezoek meer dan waard. De torens van de gotische St. Barbara-kathedraal (Chram sv. Barbory) zijn vanuit de verre omtrek goed te zien. De geschiedenis van de stad is nauw verbonden met die van de zilvermijnen. Kutná Hora nam in de middeleeuwen een belangrijke positie in bij de zilverproductie van Europa. Al in de 10de eeuw werden in Kutná Hora de eerste zilveren munten geslagen en in de 14de en 15de eeuw was de lokale Oselmijn de diepste zilvermijn ter wereld. Een derde van al het zilver in Europa was afkomstig uit Kutná Hora. Hierdoor was de stad na Praag de belangrijkste stad van Bohemen, in omvang zo groot als Londen. De rijkdom die gepaard ging met de grote zilverproductie leidde tot de bouw van een aantal monumenten, die er toe hebben geleid dat het centrum van de stad onder bescherming van de Unesco staat. Nu is Kutná Hora een provinciestadje met iets meer dan 20.000 inwoners.

ⓘ KUTNÁ HORA. Ligt 70 km van Praag. Met het openbaar vervoer is Kutná Hora goed te bereiken; vanaf station Florenc (lijn C) vertrekken er elf bussen per dag. De reis duurt ongeveer 75 minuten. Met de auto is Kutná Hora te bereiken via Route 12 richting Kolin, en dan snelweg 38 richting Kutná Hora.

St. Barbara-kathedraal

De grootste bezienswaardigheid in het oude centrum is een schoolvoorbeeld van gotische architectuur: de St. Barbara-kathedraal (Chram sv Barbora). Het is werkelijk een spectaculair bouwwerk om te zien; in het bijzonder de driepuntige daken en de opengewerkte gewelven aan weerszijden zijn indrukwekkend. De kathedraal werd aan het einde van de 14de eeuw ontworpen in het atelier van Jan Parler, de zoon van Peter Parler die grotendeels verantwoordelijk was voor de St. Vitus-kathedraal in Praag. De kathedraal werd gefinancierd door de mijnwerkers van Kutná Hora zelf, die streefden naar religieuze autonomie. Logischerwijze werd zij gewijd aan Barbara, de beschermheilige van mijnwerkers (en kanonniers). De bouw zou in totaal meer dan 500 jaar tijd in beslag nemen en was in die tijd grotendeels afhankelijk van het succes van de mijnbouw; in 1905 was de kathedraal dan eindelijk voltooid.

Het interieur van de kathedraal is bijzonder de moeite waard. Zo zijn er fresco's te zien die de mijnbouw als thema hebben, evenals mooie laatgotische muurschilderingen. De weg tussen de kathedraal en het centrum is aan een zijde gedecoreerd met barokke sculpturen van heiligen. Deze behoren tot het gebouw naast de St. Barbara-kathedraal. Dit werd gebruikt als college voor de jezuïeten, die zich in de 17de eeuw in Kutná Hora vestigden om het katholicisme te verspreiden.

St. Barbara, beschermheilige van de mijnwerkers

ⓘ ST. BARBARA-KATHEDRAAL, Barborská, tel. (420) 327 512 115, www.kutnahora.cz. Geopend: okt.–apr. di.–zo. 10–16, mei–sept. di.–zo. 9–18 uur.

Zilvermuseum Hrádek

Op enkele minuten lopen van de St. Barbara-kathedraal ligt Hrádek, het zilvermuseum dat gevestigd is in een oud fort, dat in 1320 werd gebouwd als residentie voor de plaatselijke aristocratie. Nu krijg je er een beeld van de mijnbouw en de zilverproductie door de eeuwen heen. Er zijn onder andere oude muurschilderingen te zien die de mijnbouw verbeelden. Nog interessanter zijn echter de mijnen onder het fort, die bezocht kunnen worden. Deze mijnen werden in 1960 ontdekt, en sommige gedeelten liggen meer dan 100 m diep onder de grond. Bezoekers krijgen de

klassieke witte mijnwer-
kersoutfit aan en kun-
nen, voorzien van helm
en mijnwerkerslamp, een
ondergrondse rondlei-
ding krijgen. Deze rond-
leidingen zijn erg popu-
lair en kunnen het beste
van tevoren worden gere-
serveerd.

ⓘ ZILVERMUSEUM HRÁDEK,
Barborská 28, tel. (420) 327
512 159, www.kutnahora.
cz. Geopend: mei–juni en
sept. di.–zo. 9–18, juli–aug.
di.–zo. 10–18, okt. en apr.
di.–zo. 9–17 uur.

Niet ver van Hrádek ligt
de **St. Jakob-kathedraal**
(Chram sv. Jakub), de
oudste kerk van Kutná
Hora. Gedurende de 16de
en 17de eeuw was deze
kerk in handen van de
Hussieten.
Op het Rejskovo-plein
staat de bijzondere **ste-
nen fontein** (Kašna) uit de 15de eeuw.

De bottenkerk van Sedlec

Door de intensieve mijnbouw was de
drinkwatervoorziening in Kutná Hora
vaak een probleem. Drinkwater werd bewaard in grote reservoirs, en rond 1493
werd om een van deze reservoirs een
twaalfhoekige stenen muur gebouwd. Opmerkelijk aan deze muur is het gotische
uiterlijk; het reservoir oogt als een onderdeel van een gotische kerk. Een van de
bouwers van de St. Barbara-kathedraal,
Matyáš Rejsek, zou hiervoor verantwoordelijk zijn.
Aan de rand van hetzelfde plein staat de
kerk van Jan Nepomucký, de martelaar
die een eigen beeld heeft op de Karelsbrug in Praag (zie p. 81). Het interieur van
deze barokke kerk toont fresco's waarin

het verhaal van Jan Nepomucký wordt
verteld.

Bottenkerk van Sedlec

Ten noordoosten van Kutná Hora ligt Sedlec, ooit een onafhankelijk stadje, maar
nu een buitenwijk van Kutná Hora. De
grootste attractie van Sedlec is ongetwij-
feld de *kostnice*, de 'bottenkerk'; een nogal macabere bezienswaardigheid. Het interieur van deze kapel is gedecoreerd met
de botten van maar liefst 40.000 overledenen uit de omgeving. In de 12de eeuw
werd heilige aarde over de begraafplaats
van deze kapel verspreid, waarna alle leden van adellijke families hier begraven
wilden worden. Aldus geschiedde, totdat
er na een paar eeuwen geen plekje meer

over was. De monnik František Rint werd in 1870 gevraagd om 'iets creatiefs' te doen met de resten van de talrijke overledenen. Deze opdracht resulteerde in grote piramides van beenderen, grote en kleine 'slingers' langs wanden en plafonds, en een gigantische kroonluchter in het midden van de kapel waarin elk bot dat in het menselijk lichaam te vinden is, verwerkt is. Ook is het wapen van de Schwartzenberg-familie uitgevoerd in botten en schedels. Hoe luguber het ook klinkt, de *kostnice* is een interessante bezienswaardigheid.

ⓘ BOTTENKERK VAN SEDLEC, Zamecka 127, tel. (420) 728 125 488, www.kostnice.cz. Geopend: nov.–mrt. dag. 9–16, apr.–sept. dag. 8–18, okt. dag. 9–17 uur.

KARLŠTEJN

Het kleine stadje Karlštejn ligt dicht onder Praag, aan een zijarm van de rivier de Berounka. Liefhebbers van kastelen mo-

MILOŠ EN AMADEUS

De Amerikaanse filmregisseur Miloš Forman, bekend van films als *The People vs. Larry Flint*, *Hair* en de Oscarwinnaars *One Flew Over the Chuckoo's Nest* en *Amadeus*, werd als Jan Tomáš Forman geboren in het Tsjechische stadje Cáslav, in 1932. Hij voltooide de filmacademie in Praag en ontvluchtte zijn land in 1968. Forman vestigde zich in de Verenigde Staten, waar hij in 1977 het staatsburgerschap kreeg.
De film *Amadeus*, die na zijn verschijnen in 1984 niet minder dan

Op de vele zijarmen van de Vltava schoot Forman zijn scènes voor Amadeus.

acht Oscars in de wacht sleepte, bezorgde Forman in één klap wereldfaam. De film vertelt het levensverhaal van Wolfgang Amadeus Mozart, de componist, die tijdens zijn leven ook regelmatig in Praag verbleef. In de film wordt hij afgeschilderd als een labiele en extravagante popster avant la lettre, wiens carrière gedwarsboomd werd door de componist Salieri. Grote delen van de film werden geschoten in Praag, wat het begin betekende van de stad als populaire filmlocatie (zie ook p. 29).

De filmposter van Amadeus

Als regisseur is Miloš Forman altijd geïnspireerd door de *cinéma-verité*, de stroming die streeft naar een waarheidsgetrouwe weergave van de werkelijkheid. Zijn films bevatten vaak poëtische, tragikomische elementen. Formans kritische blik op de werkelijkheid bracht hem in het communistische Tsjecho-Slowakije van de jaren zestig in problemen; tijdens de Praagse Lente zag Forman zich genoodzaakt zijn land te ontvluchten.

Het vroegere werk van de regisseur wordt in zijn geboorteland nog steeds buitengewoon gewaardeerd, zoals de film *Lásky jedné plavovlásky* ('Liefdes van een blondine') uit 1965, die destijds in de Verenigde Staten en Italië genomineerd werd voor respectievelijk een Golden Globe en een Gouden Leeuw.

gen Karlštejn zeker niet overslaan; gemiddeld bezoekt jaarlijks een kwart miljoen toeristen het stadje en dit laat helaas zijn sporen na. De weg aan de voet van de berg richting het kasteel wordt dan ook gekenmerkt door toeristische stalletjes en eethuisjes. Toch is Karlštejn een bezoek meer dan waard. Een rondleiding door het kasteel, met uitleg van de doorgaans heel bekwame gidsen, geeft een interessant beeld van een van de belangrijkste kastelen van Praag.

ⓘ KARLŠTEJN. Ligt 30 km ten zuiden van Praag. Met het openbaar vervoer is het goed bereikbaar: vanaf de treinstations Smíchovské nádraží of Hlavní nádraží kan men elk uur een trein richting Karlštejn nemen, die er ongeveer 40 minuten over doet. Vanaf het treinstation is het 10 minuten lopen naar het centrum. Om Karlštejn met

Het kasteel van Karlštejn

de auto te bereiken neem je de E50 richting Plzeň; afslag 10, waarna er op borden Karlštejn wordt aangegeven.

Kasteel van Karlštejn

Het kasteel van Karlštejn (hrad Karlštejn) torent hoog boven het stadje uit en de weg erheen is een behoorlijke klim. Het kasteel werd in de 14de eeuw ontworpen voor Karel IV, die dringend verlegen zat om een plek om zijn kroonjuwelen in op te bergen. Matthieu d'Arras, de eerste bouwmeester van de St. Vitus-kathedraal in Praag (zie p. 44), kreeg de opdracht tot de bouw van dit kasteel. Karel IV raakte erg gesteld op het kasteel, en zonderde zich er graag af. Het was vrouwen streng verboden het kasteel te betreden, al lukte het zijn derde vrouw Anna wel eenmaal om, vermomd, binnen te dringen.

De meeste ruimten in het kasteel zijn helaas spaarzaam gemeubileerd, maar toch zijn er interessante dingen te zien, zoals de mooie houten panelen met portretten van de koninklijke familie in de kapel van de Heilige Crucifix (kaple svatého kříže). En de met hout beklede kamer waarin Karel IV zijn gasten ontving, is dusdanig ingericht dat de vorst, met zijn zetel tussen de enige twee ramen in de ruimte gepositioneerd, zijn gasten goed in de gaten kon houden, terwijl hij zelf in het duister zat. Het boeiendst is de ruimte waarin de kroon wordt bewaard, of beter gezegd

Karlštejn-kasteel, gravure 19de eeuw

getjes. Zo zou er in de kroon van Karel IV een doorn verstopt zitten die afkomstig was van de doornenkrans van Jezus. In dezelfde ruimte bevindt zich een kast met geschenken van mensen die op de hoogte waren van Karel IV's verzamelwoede. Daarbij is de schedel van een krokodil, een dier dat men in de 14de eeuw in Praag nog nooit had gezien. De schenker had de keizer wijs kunnen maken dat het de schedel was van de draak die door St. Joris was verslagen. De goedgelovige Karel IV beschouwde het als één van zijn waardevolste bezittingen.

ⓘ KASTEEL VAN KARLŠTEJN, tel. (420) 311 681 465, www.hradkarlstejn.cz. Geopend: nov.–jan. en mrt. dag. 9–15, apr. en okt. di. –zo. 9–16, mei–juni di.–zo. 9–17, juli–sept. di.–zo. 9–18 uur. De rondleiding inclusief het bezoek aan de kapel van de Heilige Crucifix moet van tevoren geboekt worden.

een heel goed gelukte kopie van het origineel (dat zich in de St. Vitus-kathedraal in Praag bevindt). Karel IV was gek op religieuze objecten en opvallende hebbedin-

De populariteit van Alphonse Mucha stopt niet bij de stadsgrenzen van Praag, zoals deze souvenirwinkel in Karlštejn laat zien.

Praktische informatie

ADRESSEN EN TELEFOONNUMMERS

Nederland

- Ambassade van de Tsjechische Republiek in Nederland, Paleisstraat 4, 2514 JA Den Haag, tel. 070-313 0031, fax 070-356 3349. www.mzv.cz/hague
- Tsjechisch Bureau voor Toerisme, Strawinskylaan 517, 1077 XX Amsterdam, tel. 020-575 3014, fax 020-575 3015, www.czechtourism.com.

België

- Ambassade van de Tjechische Republiek in België, Adolphe Buyllaan 154, 1050 Brussel, tel. 02/641 8930, fax 02/640 7794.
- Tsjechische Bureau voor Toerisme, Adolphe Buyllaan 150, 1050 Brussel, tel. 02/641 8945, fax 02/644 5121, www.czechtourism.com.

Ambassades in de Tsjechische Republiek

- Ambassade van het Koninkrijk der Nederlanden, Gotthardská 6/27, 160 00 Praha 6, Bubeneč, tel. (420) 233 015 200, fax (420) 233 015 254, e-mail: nlgovpra@ti.cz.
- Ambassade van België, Valdstejnska 6, 10801 Praha 1, Malá Strana, tel. (420) 257 533 525, fax (420) 257 533 750, e-mail: prague@diplobel.be.

TOERISTISCHE INFORMATIE

Tsjechië is als vakantieland uiteraard goed vertegenwoordigd op internet. Er zijn tal van professionele (en minder professionele) sites die informatie over het land en over Praag bieden, en de geboden informatie is steeds vaker ook in het Nederlands te vinden, al zul je je vaak toch moeten behelpen met Engelstalige informatie.
De officiële website van het Tsjechische verkeersbureau, www.czechtourism.com, biedt veel up-to-date informatie. Een andere Tsjechische website voor toerisme is te vinden op www.pis.cz. De voertalen op deze website zijn Tsjechisch, Engels, Frans, Italiaans en Spaans. De site geeft veel informatie over bezienswaardigheden en accommodatie, evenals actuele informatie over evenementen. Ook is er een informatiekantoor in het centrum, waar naast tal van folders elke maand een gratis Engelstalige agenda af

te halen is, met daarin alle relevante informatie over evenementen in Praag.

- Betlémské náměstí 2, Praha 1, Staré Město, tel. 12444, www.pis.cz, Ⓜ A en B, Můstek 😊 3, 4, 8, 9, 14, 24. Geopend: nov.–mrt. ma.–vr. 9–18, za.–zo. 9–17, apr.–okt. ma.–vr. 9–19, za.–zo. 9–18 uur.

Een ander kantoortje van PIS is te vinden binnen in het centraal station (Hlavní nádraži), gelegen aan Wilsonova in Nové Město (zie kaart p. 114).

Čedok is een voormalig staatsreisbureau dat nu goede dienst doet als informatiekantoor voor reizen binnen de Tsjechische Republiek. Ook hier kunnen tickets voor trein en bus gekocht worden.

- Čedok, Na příkopě 18, Praha 1, Nové Město, tel. (420) 224 197 111, www.cedok.cz, Ⓜ A en B, Můstek 😊 3, 5, 8, 9, 14, 24. Geopend: ma.–vr. 9–19, za.–zo. 9.30–13 uur.

Een aanrader voor bezoekers van Praag is de website www.prague.tv. Deze onafhankelijke, Engelstalige website geeft veel actuele informatie over accommodatie, restaurants en evenementen, en heeft ook een levendig forum waarop mensen vragen kunnen stellen. Ook de website www.timeout.com/prague geeft veel actuele informatie met betrekking tot accommodatie en uitgaanstips.
Wie elke dag op de hoogte wil zijn van het laatste Tsjechische nieuws kan terecht bij www.praguemonitor.com. Deze Engelstalige website, die via e-mail ook een gratis nieuwsbrief verspreidt, geeft tevens zakelijk nieuws en weersinformatie. Een soortgelijke website is die van de *Prague Post*, www.praguepost.com, de digitale versie van de krant die elke woensdagmiddag verschijnt.
Een uitgebreide website over de Tsjechische Republiek en Praag, met ook Nederlands als voertaal, is www.czecot.com. Verder is de startpagina tsjechië.pagina.nl een aanrader, evenals het Nederlandstalige forum www.tsjechie.net.

REIZEN NAAR PRAAG

Praag is met de auto goed bereikbaar; ook zijn er busreizen naar de stad. Een geheel verzorgde busreis kun je het beste bij een erkend reisbureau boeken. Voor een goedkope busreis naar Praag kun je terecht bij Eurolines: www.eurolines.nl.

Met de trein reis je via Duitsland; dit neemt zeker een halve dag in beslag. Er kan gekozen worden voor een nachttrein. Voor gedetailleerde informatie over treinreizen naar Praag kun je terecht bij een reisbureau of op www.db.de en www.cd.cz.

Vliegen

De snelste manier om Praag te bereiken is met het vliegtuig; in nog geen anderhalf uur vlieg je van Schiphol naar de Tsjechische hoofdstad. Je hebt de keus uit verschillende lijnvluchten van KLM en de Tsjechische luchtvaartmaatschappij ČSA. Informatie hierover is te vinden op www.klm.com en www.csa.cz.

Er zijn nu ook budget airlines die dagelijks op Praag vliegen, zoals Sky Europe (www.skyeurope.com). Vanaf Brussel kun je kiezen voor een lijnvlucht van Brussel Airlines (www.brusselairlines.com) of ČSA. Ook hier vliegt Sky Europe op Praag. Meer informatie is te vinden op www.brusselairport.be. Deze vluchten duren eveneens anderhalf uur.

Wie dicht bij de Duitse grens woont, kan kiezen voor een vlucht vanaf het vliegveld van Düsseldorf. ČSA en de Duitse vliegmaatschappij Lufthansa (www.lufthansa. com) vliegen vanaf Düsseldorf meerdere malen per dag direct naar Praag (www.dus-int.de).

Vliegveld Praag

Het vliegveld van Praag, genaamd Ruzyně, ligt 20 km ten noordwesten van de stad. Om de stad in te komen kun je een bus of taxi nemen, maar pas wel op met taxi's in Praag: die hebben een slechte reputatie. Je kunt het beste kiezen voor een gele taxi van het bedrijf AAA; de prijs van een rit naar het centrum ligt doorgaans rond de CZK 500.

Vanaf het vliegveld kun je ook een bus nemen, richting het centrum van Praag.

Bus 119 rijdt naar het metrostation Dejvicka (A), bus 108 naar metrostation Hradčanská (A) en bus 179 naar metrostation Nové Butovice (B). Een kaartje van CZK 20, af te stempelen in de bus, is voldoende voor deze rit. 's Nachts en in de vroege ochtenduren rijdt er een nachtbus: bus 510 richting Divoká Šárka, waarvandaan nachttram 51 het centrum van Praag inrijdt.

Voor groepen kan er een busje worden geregeld; in de ontvangsthal van het vliegveld staan informatiestands waar men groepsvervoer kan regelen. Ook kan er groepsvervoer geregeld worden via Prague Airport Shuttle (tel. (420) 602 395 421, www.prague-airport-shuttle.com); men spreekt Engels.

REIZEN IN PRAAG

Het openbaar vervoer in Praag is uitstekend en zeer betaalbaar, om niet te zeggen spotgoedkoop. De stad kent drie metrolijnen, die tot ver buiten het toeristische centrum rijden, en veel verschillende bus- en tramlijnen. Ook 's nachts zijn de voorzieningen goed; zodra de metro en de reguliere bussen en trams stoppen, meestal rond 0.30 uur, nemen speciale nachtbussen en -trams de diensten over.

Actuele informatie voor tram-, trein- en bustijden is te vinden op de website http://jizdnirady.idnes.cz. Deze Tsjechische website kan ook in het Engels en Duits geraadpleegd worden. Ook de website www. dp-praha.cz/, eveneens in het Tsjechisch, Engels en Duits, is meer dan volledig. Deze site behoort toe aan het stedelijk vervoersbedrijf, dat ook een aantal kantoren heeft, onder andere op het vliegveld en in de metrostations Muzeum, Můstek, Nádraží Holešovice, Cerný Most en Anděl. De meest kantoren zijn geopend 7–18 uur; voor het vliegveld en Muzeum geldt: ma.–vr. 7–21 uur.

Het gebruik van tram- en buskaartjes behoeft wel enige uitleg, want wie een blik werpt op de gele kaartenautomaten in de metrostations raakt het spoor vaak bijster. In principe kun je voor een enkele rit goed uit de voeten met een kaartje van CZK 20; deze zijn binnen het centrum, doordeweeks, 75 minuten geldig (anderhalf uur tussen 20 uur 's avonds en 5 uur 's ochtends en in het weekend), en er mag mee overgestapt worden. Om dit kaartje uit de vaak wat onduidelijke automaat te halen, moet je de knop linksboven indrukken; meer keren drukken betekent ook meer kaartjes. Losse kaartjes kunnen ook bij het loket gekocht worden, maar kijk niet raar op als een norse man of vrouw je vervolgens toch verwijst naar de automaat. Een 24 uurskaartje kost CZK 80.

Wie langer dan 1 dag in Praag blijft doet er goed aan een ticket voor 3, 7 of 15 dagen te kopen; respectievelijk CZK 200, 280 en 320. Wie langer blijft kan een abonnement kopen, bijvoorbeeld voor één of drie maanden, waarvoor een pasfoto, een legitimatiebewijs en een flinke dosis geduld nodig zijn. Dit kan eveneens bij een 'DP-loket' in de grote metrostations.

Taxi's

Taxi's hebben over het algemeen een slechte reputatie in Praag. Afgezet worden is niet alleen voorbehouden aan toeristen; ook de lokale bevolking loopt dit gevaar. Een taxi op straat aanhouden is, zeker 's avonds, meestal geen goed idee. Wanneer er geen andere mogelijkheid is, is het beter van tevoren een duidelijke afspraak met de bestuurder te maken over de prijs. Beter is het om een taxi tevoren te bestellen, of hotelpersoneel een taxi te laten betalen.

Wees erop bedacht dat de bestuurder de meter aanzet! Het starttarief ligt rond de CZK 35, en gemiddeld betaal je zo'n CZK 25 per kilometer. Vraag altijd om een bonnetje; een účet of paragon.

De gele taxi's van AAA Taxi zijn betrouwbaar; de bestuurders spreken meestal goed Engels.

- AAA Taxi, tel. (420) 222 333 222, (420) 221 102 211, (420) 221 111 111, www.aaataxi.cz.

Voor klachten over taxibedrijven en hun chauffeurs kun je je melden bij:

- Živnostenský odbor, Vodičkova 18, Praha 1, Nové Město, tel. (420) 221 097 111, (420) 222 231 640. Geopend: ma.–vr. 9–17 uur. Ⓜ A en B, Můstek Ⓣ 3, 9, 14, 24.

Fietsen

Praag is een geschikte stad om per fiets te doorkruisen, ongeacht het grote aantal straten dat voorzien is van kinderkopjes. Aangezien fietsen in Praag toch voornamelijk een bezigheid is voor koeriers en toeristen, en weinig van bewoners, moet je wel goed oppassen met andere weggebruikers. Ook de aanzienlijke hoeveelheid tramrails in de stad kan gevaarlijk zijn. Er zijn twee grote bedrijven die hun diensten aanbieden waar het fietstochten en het huren van fietsen betreft. Beide bedrijven zijn gevestigd in Staré Město.

City Bike biedt twee verschillende toers aan: de Stadstoer, die je langs alle bezienswaardigheden in het centrum leidt, en de Kasteeltoer, die de fietser langs

het Letná-park naar de burcht brengt. De toers kunnen driemaal per dag gevolgd worden. Je kunt ook enkel een fiets huren en er zelf op uit gaan, voor 2, 3 of 4 uur of een hele dag; de prijzen variëren van CZK 300 tot CZK 700 per dag, afhankelijk van het type fiets en de duur van de huur.

- **City Bike**, Králodvorská 5, Staré Město, tel. (420) 776 180 284, www.citybike-prague.com. Geopend: apr.–okt. dag. 9–19 uur. Ⓜ Náměstí Republiky.

Praha Bike ligt op een steenworp afstand van City Bike. In principe kunnen hier het hele jaar lang fietsen gehuurd worden. Praha Bike biedt naast 'losse' verhuur van fietsen verschillende begeleide toers aan. Zo is er de Stadstoer, die ongeveer 2,5 uur duurt en zowel 's middags als bij zonsondergang wordt gehouden, en de Nachttoer, waarbij na het fietsen gezamenlijk een wandeltocht langs verschillende cafés en pivnice wordt gehouden. Bijzonder is de mogelijkheid om naar andere steden in de buurt van Praag te fietsen; zo is het mogelijk om in een kleine groep onder begeleiding naar Kutná Hora of Karlštejn te fietsen. Ook wordt er naar het kasteel van Vyšehrad gefietst. Praha Bike verhuurt naast verschillende typen fietsen ook kinderfietsjes en aanhangers om baby's in te vervoeren.

Een Stadstoer van 2,5 uur kost CZK 490, inclusief gids en verzekeringen. De losse huur van een fiets kost, afhankelijk van de duur, tussen de CZK 330 en CZK 550 voor een paar uur per dag tot CZK 3040 voor acht dagen.

- **Praha Bike**, Dlouhá 24, Staré Město, tel. (420) 732 388 880, www.prahabike.cz. Geopend: mrt.–okt. 9–20 uur, in de wintermaanden op afspraak. Ⓜ Náměstí Republiky.

ACCOMMODATIE

In Praag is voor elk budget een geschikt hotel of hostel te vinden. De prijzen liggen over het algemeen niet laag, maar veel hotels hebben aantrekkelijke aanbiedingen, ook tijdens het hoogseizoen. Zelf boeken, wat doorgaans makkelijk via internet kan, is dan ook aan te raden.

Omdat het onmogelijk is alle hotels en hostels te vermelden, heb ik een selectie gemaakt van goede, leuke en bijzondere accommodatie in verschillende prijsklassen.

De bekende, grotere hotelketens als Marriot, Hilton, Four Seasons en Mövenpick hebben alle één of meer hotels in de stad.

Hostels

Voor backpackers en reizigers met een kleine portemonnee zijn er in Praag veel hostels te vinden, variërend van de traditionele jeugdherberg met slaapzalen tot hostels vermomd als hotels. Op de website www.czechhostels.com vind je een groot aantal hostels in (en buiten) Praag die voldoen aan de eisen van Hostelling International.

- **Miss Sophie's Prague**, Melounova 3, Vinohrady, tel. (420) 296 303 530, fax (420) 296 303 531, www.miss-sophies.com. Miss Sophie's heeft zowel kleine slaapzalen als een- en tweepersoonskamers. Ook kan er een klein appartement met eigen keuken en badkamer gehuurd worden. Het interieur van zowel de kamers als de gezamenlijke ruimtes is bijzonder stijlvol. Internet is beschikbaar.
- **Clown & Bard**, Bořivojova 102, Žižkov, tel. (420) 222 716 453, www.clownandbard.com. Een jeugdherberg in de meer traditionele zin. Voor een rustig verblijf moet je hier niet zijn, maar dit legendarische hostel heeft absoluut (een feestelijke) sfeer. Ontbijt en internet beschikbaar.
- **Sir Toby's Hostel**, Dělnická 24, Holešovice, tel. (420) 283 870 653, fax (420) 283 870 636, www.sirtobys.com. Van dezelfde eigenaren als Miss Sophie's, dit hostel ligt iets verder buiten het centrum en is gesitueerd in een zeer sfeervol art-nouveaupand. Naast slaapzalen zijn er ook kamers te huur voor een tot zes personen. Internet beschikbaar.
- **Traveller's Hostel**, Dlouhá 33, Staré Město, tel. (420) 224 826 662, fax (420) 224 826 665; U lanové dráhy 3, Malá Strana, tel. (420) 257 312 403, fax (420) 224 826 665, www.travellers.cz. De verschillende locaties van Traveller's Hostel zijn bekend bij een groot publiek en heel populair. In Malá Strana heeft Traveller's Hostel een bijzondere locatie aan de voet van de Petrín-heuvel. De locatie aan Dlouhá, tactisch gelegen naast één van Praags oudste rockclubs, heeft ook enkele appartementen te huur. Internet beschikbaar.

Hotels: laag- en middensegment.

Eerlijk is eerlijk: in sommige hotels in het laag- en middensegment laat de service af en toe te wensen over. Toch zijn er voldoende hotels waar je tegen een goede prijs aangenaam kan verblijven.

- **Dům U velké boty**, Vlašska 30, Hradčany, tel. (420) 257 532 088, fax (420) 257 533 234, www.dumuvelkeboty.cz. Een bijzonder hotel in een woonhuis. Het echtpaar Rippl zorgt goed voor de maximaal acht gasten die er (kunnen) verblijven. Internet beschikbaar.
- **Romantik Hotel U raka**, Černínská 10, Hradčany, tel. (420) 220 511 100, fax (420) 233 358 041, www.romantikhotel-uraka.cz. Dit hotel, in de buurt van de burcht, maakt z'n naam waar. Het bevat slechts zes kamers en is ideaal voor stellen. Kinderen onder twaalf jaar zijn niet welkom in dit hotel. Parkeerplaats aanwezig.
- **Hotel Čertovka**, U Lužického semináře 2, Malá Strana, tel. (420) 257 011 500, fax (420) 257 534 392, www.certovka.cz. Dit voormalige barokke herenhuis, grenzend aan het kleine riviertje Čertovka bij Kampa-eiland, is een paar jaar geleden verbouwd tot knus hotel. Wat betreft de kamers kan men kiezen tussen zicht op het kasteel of de Karlův most. Internet en satelliet-tv beschikbaar, parkeerplaatsen aanwezig. Het hotel beschikt ook over een restaurant.
- **U Kříže**, Újezd 20, Malá Strana, tel. (420) 257 312 272, fax (420) 257 312 542, www.ukrize.com. U Kříže is een populair hotel met een goede prijs-kwaliteitverhouding. Het ligt tegenover de Petřín-heuvel, dicht bij Kampa. Internet beschikbaar, parkeerplaatsen aanwezig.
- **Grand Hotel Evropa**, Václavské náměstí 25, Nové Město, tel. (420) 224 228 117, fax (420) 224 224 544, www.evropahotel.cz. Dit hotel, aan het Wenceslas plein, heeft een prachtige art-decogevel. Het interieur is helaas wat minder indrukwekkend. Behalve hotelkamers zijn er ook twee appartementen te huur. Het goedkoopste zijn de 'economy class'-kamers, waarbij een badkamer gedeeld moet worden. Niet het meest luxueuze hotel, maar voor deze locatie een goede optie. Parkeerplaatsen aanwezig.
- **987**, Senovážné náměstí 15, Nové Město, tel.

(420) 255 737 100, fax (420) 222 210 369, www.
designhotelscollection.com. Dit hotel is onderdeel van de Spaanse keten van designhotels en
stelt op dat gebied dan ook zeker niet teleur. De
bekende ontwerper Philip Starck nam het interieur van dit voormalige appartementencomplex
voor zijn rekening. Dit centraal gelegen hotel is
een nieuwe favoriet in Praag. Internet beschikbaar.

Hotels: hoogsegment

Voor wie meer te besteden heeft, zijn er in Praag een
paar heel geschikte hotels te vinden. De prijzen zijn
hoog, maar de accommodatie vaak bijzonder mooi en
men is verzekerd van een goede service.

- **Hotel Savoy**, Keplerova 6, Hradčany, tel. (420)
  224 302 430, fax (420) 224 302 128, www.
  hotel-savoy.cz. Dit prachtige hotel ligt dicht bij
  de burcht. Het biedt de gasten een bibliotheek
  compleet met open haard; gebruik van de fitnessruimte is bij de prijs inbegrepen. De kamers zijn
  ruim en bijzonder smaakvol ingericht, de service is
  uitstekend. Internet beschikbaar.
- **Alchymist Grand Hotel & Spa**, Tržiště 19, Malá
  Strana, tel. (420) 257 286 011, fax (420) 257
  286 017, www.alchymisthotel.com. Dit bijzonder
  mooie hotel, uit de 16de eeuw, is gelegen in het
  doolhof van kleine straatjes aan de voet van de
  burcht. De sfeervolle kamers en suites zijn ingericht met antiek meubilair. Een fitnessruimte en
  een zwembad zijn aanwezig, evenals een eigen
  restaurant en sushibar. Internet beschikbaar.
- **Le Palais**, U Zvonařky 1, Vinohrady, tel. (420) 234
  634 111, fax (420) 222 563 350, www.palaishotel.
  cz. Het is moeilijk voor te stellen dat dit elegante
  hotel vroeger een fabriek was. De plafonds en
  trappenhuizen tonen muurschilderingen van de
  Tsjechische kunstenaar Luděk Mařold, die er ooit
  zijn verblijf mee bekostigde. Het hotel bevat een
  eigen fitnessruimte, een restaurant en een mooi
  zomerterras dat door bezoekers kan worden
  gebruikt. Internet beschikbaar, parkeerplaatsen
  aanwezig.

TELEFONEREN

Hoewel er in Praag nog relatief veel telefooncellen te
vinden zijn die munten accepteren (CKZ 2), zijn deze
vrijwel allemaal kapot of buiten gebruik. Gelukkig zijn
er genoeg telefooncellen te vinden die op een kaart
werken. Deze telefoonkaarten hebben doorgaans een
waarde van CZK 50 of 150 en zijn te koop in vrijwel
alle kiosken op straat, op postkantoren en in winkels
en cafés die een geelblauwe sticker op de ruit hebben
met daarop Český Telecom.

Lokale telefoontjes kosten om en nabij de CZK 3,20
per twee minuten ('s avonds 19–7 en in het weekend
is dit vier minuten).

Bellen naar het buitenland kun je beter niet vanuit een
telefooncel doen; dit is bijzonder kostbaar. Een oplossing is het gebruik van een 'TRICK Card' of 'EasyCard'.
TRICK Cards hebben waardes van CZK 200 en 300,
opgedeeld in units van CZK 4, en zijn te koop bij vrijwel
alle kiosken, en bij winkels van telefoniebedrijf o2.
EasyCards zijn te koop in waardes van CZK 300, 600,
1200 en 2400.

Mobiele telefonie

Mobiele telefonie is bijzonder populair in Tsjechië;
meer dan 70 procent van de bevolking is in het bezit
van een mobiele telefoon en sommige Tsjechen hebben er zelfs meer dan één. Wie in Praag verblijft en een
lokale SIM-kaart wil kopen, kan dat het beste doen bij
één van de onderstaande bedrijven, die verschillende
verkooppunten in het centrum van Praag hebben. De
meeste SIM-kaarten van deze bedrijven zijn ook te
koop bij nieuwskiosken.

- **Vodafone**
  www.vodafone.cz
- **O2**
  www.cz.o2.com
- **T-Mobile**
  www.t-mobile.cz

Telefoneren naar het buitenland

Bellen vanuit Nederland en België naar Tsjechië: 00420.
De 0 achter 42 dient altijd behouden te worden! Bellen
vanuit Tsjechië naar Nederland 0031 en naar België
0032, dan netnummer zonder 0 plus abonneenummer.

Belangrijke telefoonnummers in Praag

Algemeen nummer voor noodgevallen	112
Politie	158

Brandweer 150

Eerste Hulp bij Ongelukken 155

Gevonden voorwerpen

De meeste treinstations hebben hun eigen afdeling Gevonden Voorwerpen, in het Tsjechisch *Ztráty a nálezy*. Een centraal adres voor gevonden voorwerpen bevindt zich in het centrum:

● Karoliny Světlé 5, Praha 1, Staré Město, tel. (420) 224 235 085, ⓜ B, Národni třída ● 6, 9, 17, 18, 22. Geopend: ma. en wo. 8–17.30, di. en do. 8–16, vr. 8–14 uur.

GELD-, BANK- EN POSTZAKEN

Praag kan nog steeds beschouwd worden als een, voor West-Europese begrippen, goedkope stad, al zijn de prijzen het afgelopen decennium wat sommige dingen betreft wel wat gestegen. Winkelen, dineren en uitgaan is naar onze standaarden echter nog steeds uitermate betaalbaar. Voor Tsjechen ligt dit iets anders: het gemiddelde maandsalaris van een Tsjech lag in 2007 rond de CZK 18.500 (iets minder dan 715 euro).

De euro is in Tsjechië nog niet ingevoerd; voorlopig blijft de Tsjechische kroon of *koruna česká* (afgekort als Kč of CZK) nog even bestaan. Eén koruna is onderverdeeld in honderd *hellers*. Muntgeld bestaat in eenheden van 1, 2, 5, 10, 20 en 50 koruna, en 10, 20 en 50 heller. Papiergeld bestaat in coupures van 20, 50, 100, 200, 500, 1000 en 2000 koruna. Het is onder Tsjechen niet gebruikelijk om kleine bedragen af te rekenen met grote coupures; wie kleine boodschappen betaalt met een briefje van CZK 1000 of meer, wordt soms om kleiner geld gevraagd.

Geldautomaten

In het centrum van Praag is op bijna elke straathoek een pinautomaat te vinden. Vrijwel alle pinautomaten accepteren bankpassen met het Maestro-logo. Sommige banken berekenen hiervoor transactiekosten; informeer bij de desbetreffende bank welke transactiekosten verbonden zijn aan geld opnemen in het buitenland.

Geld opnemen met een creditcard kan bij vrijwel alle geldautomaten; hiervoor worden altijd transactiekosten in rekening gebracht.

Betalen met bankpas en creditcard

Het is niet altijd mogelijk in een winkel te betalen met bankpas. De meest gangbare creditcards (Visa, Mastercard) kunnen in veel winkels en restaurants gebruikt worden; bij American Express is dat soms lastiger. Let op: bij het betalen met creditcard in een winkel dient men in de meeste winkels een viercijferige pincode in te voeren! Vraag bij uw bank of creditcardmaatschappij om deze pincode.

Wisselkantoren

In het centrum van Praag struikel je bijna letterlijk over de wisselkantoren, die toeristen proberen te lokken met gunstige wisselkoersen. Hoe aantrekkelijk het ook lijkt, het is af te raden gebruik te maken van deze kantoortjes. Ook geld op straat wisselen is absoluut af te raden. Geld wisselen kun je het beste doen bij een bank of in een hotel. Ook de wisselbalie op het vliegveld is een goede optie; deze is 24 uur per dag open en hanteert een gunstige koers.

Fooien geven en afdingen

Het geven van een fooi is gebruikelijk, ook onder de bevolking. Van toeristen wordt verwacht dat zij 10 procent van de rekening als fooi achterlaten. In het geval van slechte service, wat in Tsjechië helaas nog wel eens voorkomt, voelt niemand zich genoodzaakt een fooi te geven. Bij taxi's is het gebruikelijk om het eindbedrag naar boven af te ronden. Pas echter wel op dat taxichauffeurs niet zelf alvast hun fooi bepalen, zie p. 163.

Afdingen is eigenlijk alleen aan de orde in *bazars* en *antikvariáts*, en zeker het proberen waard wanneer men verscheidene aankopen doet. In reguliere winkels wordt niet afgedongen.

Postzaken

Het hoofdkantoor van Česká pošta bevindt zich in het centrum van de stad, op Jindřišská 14. Het gebouw is 24 uur per dag geopend. Voor elke handeling dient een nummertje te worden getrokken en voor elke handeling lijkt een apart loket te zijn. Een paar handige woorden in het Tsjechisch:

Postzegels	*známky*
Telefoonkaart	*telefonní karta*
Pakketje	*balík*

Postzegels kunnen ook bij veel kiosken en tabakszaken worden gekocht.

VEILIGHEID

Hoewel Praag een van de veiligste grote steden in Europa is, heeft de stad veel te kampen met zakkenrollers. Toeristen dienen te allen tijde goed op hun spullen te passen; vooral in het openbaar vervoer loop je een groot risico te worden gerold. Dit gebeurt niet alleen bezoekers; ook inwoners van de stad lopen risico. Ook drukbezochte plekken, zoals de Karelsbrug, het Oude Stadsplein en de verschillende uitgaansgelegenheden in de stad zijn plekken waar zakkenrollers toeslaan.

Aangifte doen kan altijd, maar levert niet altijd het gewenste resultaat. In het centrum van Praag zijn enkele politiebureaus waar je terecht kunt:

- Bartolomějská 14, Staré Město, tel. (420) 974 851 700, 24 uur per dag geopend, Ⓜ B, Národní třida 🔵 6, 9, 18, 21, 22, 23.
- Vlašská 3, Malá Strana, tel. (420) 974 851 730, 24 uur per dag geopend, Ⓜ A, Malostranská 🔵 12, 20, 22, 23.
- Jungmannovo náměstí 9, Nové Město, tel. (420) 974 851 750, 24 uur per dag geopend, Ⓜ A, B, Můstek.

KRANTEN EN TIJDSCHRIFTEN

Tsjechische kranten

Dnes

Dnes was vroeger een communistische krant, en is nu het meest gelezen dagblad in Tsjechië. Deze krant biedt over het algemeen een goede balans tussen nationaal en internationaal nieuws, maar is kwalitatief niet altijd even hoogstaand.

Právo

Eveneens een voormalig communistisch dagblad; de oorspronkelijke naam was *Rudé Právo* ('Rode Gerechtigheid'). Inmiddels een vrij gerespecteerd, linksgeoriënteerde krant.

Lidové noviny

In de communistische periode was dit een onder-
gronds blad dat in de jaren negentig ongekend populair werd. Tegenwoordig wordt de krant voornamelijk gelezen in rechtse en intellectuele kringen.

Hospodářské noviny

Dit is het Tsjechische equivalent van de *Financial Times*.

Blesk

Blesk ('Bliksem') is een sensatieblad dat de Tsjechen voorziet van hun dagelijkse dosis sensatienieuws, roddels en berichten over ufo's.

Respekt

Respekt is geen dagblad in de traditionele zin des woords, maar een interessante krant die kritische vragen stelt over de huidige ontwikkelingen in de Tsjechische maatschappij. Het bevat tevens een aantal populaire satirische cartoons.

Engelstalige kranten

Prague Post

(www.praguepost.com)

Een wekelijkse krant die elke woensdag verschijnt, en naast nationaal en internationaal nieuws een uitgebreid cultureel katern heeft. Bezoekers van Praag die op de hoogte willen zijn van de culturele activiteiten in de stad kunnen niet zonder. Het bevat ook recensies van films en restaurants.

Tsjechische tijdschriften

Reflex

Reflex is een populair weekblad met een inhoud dat varieert van *human interest*-artikelen tot muziekrecensies.

Umělec

(www.divus.cz/umelec)

Dit tijdschrift, dat gemiddeld zo'n vier keer per jaar verschijnt, wordt ook in het Engels uitgegeven en bespreekt voornamelijk contemporaine kunst, architectuur en film uit de Tsjechische Republiek, met het oog op de internationale kunstwereld.

BLATT

(www.blatt.cz)

(www.books.blatt.cz/)

BLATT is de naam van een tijdschrift en een kleine uitgeverij, die gerund worden vanuit boekhandel Anagram. In *BLATT* worden kunst en literatuur uit Bohemen besproken; de uitgeverij geeft dichtbundels en novelles uit van Tsjechische schrijvers en buitenlandse schrijvers die een band hebben met het land.

B EAST

(www.beastnation.com)

Het glossy tijdschrift *B EAST* richt zich op kunst en *lifestyle* uit Centraal- en Oost-Europese landen.

WINKELS

Boekhandels en antikvariáts

Praag kent een aantal goede boekhandels die veel Engelstalige titels aanbieden. Boekhandels als Anagram en Shakespeare & Sons hebben ook een ruime selectie goede tweedehands boeken.

- **Anagram**, Týn 4, Praha 1, Staré Město, tel. (420) 224 895 737, www.anagram.cz. Geopend: ma.–za. 10–20, zo. 10–19 uur.
- **Shakespeare & Sons**, U Lužickeho semináře 10, Praha 1, Mála Strana, tel. (420) 257 531 894; Krymska 12, Praha 10, Vrsovice, tel. (420) 271 740 839; Soukenicka 44, Cesky Krumlov, tel. (420) 380 711 203; www.shakes.cz. Geopend: dag. 11–19 uur.
- **Big Ben Bookshop**, Malá Stupartská 5, Praha 1, Staré Město, tel. (420) 224 826 565, www. bigbenbookshop.com. Geopend: ma.–vr. 9–18.30, za. 10–17, zo. 12–17 uur.
- **Globe Bookstore & Coffeehouse**, Pštrossova 6, Praha 2, Nové Město, tel. (420) 224 916 264, www.globebookstore.cz. Geopend: dag. 10–24 uur.
- **Palác Knih Luxor**, Václavské náměstí 41, Praha 1, Nové Město, tel. (420) 221 111 370, www. neoluxor.cz. Geopend: ma.–vr. 8–20, za. 9–19, zo. 10–19 uur.

Praag kent tal van antikvariáts die oude boeken, prenten, dichtbundels en grafische werken verkopen. Het aanbod is enorm, maar hier volgt een kleine selectie van antikvariáts die de moeite van een bezoek waard zijn.

- **Antikvariát Dobrá Kniha**, Dlážděná 4, Praha 1, Staré Město, tel. (420) 224 211 054, www.antikvariaty.cz. Geopend: ma.–vr. 8.30–18.30, za. 9–13 uur.
- **Antikvariát Bělehradská**, Bělehradská 96, Praha 2, Nové Město, tel. (420) 222 521 043, www.antikvariaty.cz. Geopend: ma.–vr. 9–18.30, za. 9–13 uur.
- **Antikvariát Arco** (zeer ruim assortiment oude foto's en postkaarten), Dlážděná 4, Praha 1, Staré Město, tel. (420) 224 213 259, www.antikvariaty.cz. Geopend: ma.–vr. 8.30–18.30, za. 9–13 uur.
- **Antikvariát Pražský Alamanach** (veel oude posters, grafisch werk en bijzondere dichtbundels), Újezd 26, Praha 1, Malá Strana, tel. (420) 224 812 247, www.artbook.cz. Geopend: ma.–za. 11–18 uur.
- **Antikvariát Ztichlá klika** (tevens een galerie), Betlémská 10-14, Praha 1, Staré Město, tel. (420) 222 221 561, www.ztichlaklika.cz. Geopend: ma.–vr. 10–18 uur.

Bazars

Bazars zijn een soort rommelwinkeltjes; elke bazar lijkt z'n eigen specialiteit te hebben. De ene verkoopt voornamelijk oud porselein, de andere specialiseert zich in linnengoed of sieraden. De bazars die zich in de meer toeristische wijken bevinden zijn vaak te duur. Wie uit is op een mooie vondst, moet veel geduld hebben; in sommige bazars is het echt schatgraven.

- **Alma Mahler** (antiek en curiosa, linnen), Valentinksá 7, Praha 1, Staré Město, tel. (420) 222 325 865, www.almamahler.cz. Geopend: dag. 10–18 uur.
- **Antiques Ahasver** (linnen en oude klederdracht), Prokopská 3, Praha 1, Malá Strana, tel. (420) 257 531 404. Geopend: di.–zo. 11–18 uur.
- **Art Deco** (de bekendste bazar van Praag, en één van de best gesorteerde), Michalská 21, Praha 1, Staré Město, tel. (420) 224 223 076. Geopend: ma.–vr. 14–19 uur.

- **Bazar Antik** (keramiek, glas en linnen),
  Křemencova 4, Praha 2, Nové Město. Geopend:
  ma.–do. 11–18, vr. 11–17 uur.

Typisch Tsjechisch

De winkelketen **Manufaktura** verkoopt producten als
houten speelgoed, typisch Boheems blauw linnengoed
en handgemaakte zepen. Wie iets koopt, krijgt er een
kaartje bij met daarop informatie over het materiaal en
de wijze waarop het gemaakt is; dit geeft elk product
een uniek karakter. Het merk **dr. Stuart's Botanicus**
heeft ook enkele winkels in de stad, en specialiseert
zich in huidverzorging. **Traditional** is een winkel, geen
onderdeel van een keten, die onder andere oude
houten drukblokken verkoopt, waarmee vroeger Tsjechisch linnen werd bedrukt. **Kubista,** de winkel van het
Kubisme Museum, verkoopt replica's van kubistische
gebruiksobjecten door bekende ontwerpers; keramiek,
meubels en papierwaren.

- **Manufaktura**, www.manufaktura.biz, Melantrichova 17, Praha 1, Staré Město, tel. (420) 221 632
  480. Geopend: dag. 10–19 uur; Železná 3A, Praha
  1, Staré Město, tel. (420) 221 632 480. Geopend:
  dag. 10–19 uur.
- **Dr. Stuart's Botanicus**, www.botanicus.cz,
  Týn 3, Praha 1, Staré Město, tel. (420) 224 895
  446. Geopend: dag. 10–20 uur; Štěpanská 61,
  Praha 1, Nové Město, tel. (420) 224 221 927;
  Michalská 2, Praha 1, Staré Město, tel. (420)
  224 212 977.
- **Traditional**, Haštalská 7, Praha 1, Staré Město,
  tel. (420) 222 316 661, www.woodblocks.cz. Geopend: dag. 10–20 uur.
- **Kubista,** Ovocný trh 19, Praha 1, Staré Město, tel.
  (420) 224 236 378, www.kubista.cz. Geopend:
  di.–zo. 10–18 uur.

RESTAURANTS

Praag heeft veel restaurants; er is de laatste jaren een
ruime keuze ontstaan uit verschillende internationale
keukens. Hoewel het onmogelijk is om hier alle restaurants in Praag in kaart te brengen, wil ik toch wat
suggesties doen.

Tsjechisch

- **Baráčnická Rychta**, Trziste 23, Praha 1, Malá Stra-
  na, tel. (420) 257 532 461, www.baracnickarychta.
  cz. Geopend: ma.–za. 11–23, zo. 11–21 uur.
- **U Sedmi Švábů,** Jansky Vrsek 14, Praha 1, Malá
  Strana, tel. (420) 257 531 455, www.svabove.cz.
  Geopend: ma.–za. 12–24, zo. 12–23 uur.
- **Hlučná Samota** (vernoemd naar een boek van de
  Tsjechische schrijver Bohumil Hrabal), Záhřebská
  14, Praha 2, Vinohrady, tel. (420) 222 522 839.
  Geopend: dag. 12–22 uur.

Italiaans

- **Amici Miei**, Vezenska 5, Praha 1, Staré Mesto, tel.
  (420) 224 816 688, www.amicimiei.cz. Geopend:
  dag. 11.30–23 uur.

Pizzeria

- **Modra Zahrada** ('De Blauwe Tuin'), Národní 37,
  Praha 1, Staré Město, tel. (420) 224 239 055. Ge-
  opend: dag. 11–23.30 uur.
- **Pizzeria Grosseto**, Jugoslávských Partyzánů 8,
  Prague 6, Dejvice, tel. (420) 233 342 694, www.
  grosseto.cz. Geopend: dag. 11.30–23 uur.
- **Pizzeria Grosseto**, Francouzská 2, Praha 2, Vino-
  hrady, tel. (420) 224 252 778, www.grosseto.cz.
  Geopend: dag. 11.30–23 uur.

Frans

- **Chez Marcel**, Haštalská 12, Praha 1, Staré Město,
  tel. (420) 222 315 676. Geopend: ma.–za. 8–1,
  zo. 9–1 uur.

Aziatisch

- **Lemon Leaf**, Myslíkova 14, Praha 2, Nové Město,
  tel. (420) 224 919 056, www.lemon.cz. Geopend:
  ma.–do. 11–23, vr. 11–0.30, za. 12.30–0.30, zo.
  12.30–23 uur.
- **The Noodle Bar**, Plavecká 4, Praha 2, Nové Město,
  tel. (420) 224 911 181, www.noodle.cz. Geopend:
  ma.–za. 12–22 uur.

Mediterraan

- **Dahab** (restaurant), Dlouhá 33, Praha 1, Staré
  Město, tel. (420) 224 827 375, www.dahab.cz.
  Geopend: dag. 12–1 uur.

- **Restaurace Kabul**, Karolíny Světlé 14, Praha 1, Staré Město, tel. (420) 224 235 452. Geopend: ma.–za. 10–23 uur.

Vegetarisch

- **Lehká Hlava**, Borsov 2, Praha 1, Staré Město, tel. (420) 222 220 665, www.lehkahlava.cz. Geopend: ma.–vr. 11.30–23.30, za.–zo. 12–23.30 uur (de warme keuken sluit elke dag van 15.30 tot 17 uur).
- **Malý Buddha**, Úvoz 46, Praha 1, Hradčany, tel. (420) 220 513 894, www.malybuddha.cz. Geopend: di.–zo. 12–22.30 uur.
- **Radost FX**, Belehradská 120, Praha 2, Vinohrady, tel. (420) 603 193 711, www.radostfx.cz. Geopend: dag. 11.30–3 uur.

CULTUUR EN ENTERTAINMENT

Galeries

Praag kent zowel grote tentoonstellingsruimten als piepkleine galeries, waar cultuurliefhebbers zeker aan hun trekken komen. Of het nu gaat om gevestigde namen of jong talent. Voor een goed overzicht van actuele tentoonstellingen kun je het beste het culturele katern van de *Prague Post* raadplegen, of het krantje *Atelier*, dat in het Engels en in het Tsjechisch verschijnt. Om het jaar wordt de stad klaargemaakt voor de twee, enigszins concurrerende, biënnales. De Národni Galerie organiseert de **International Biennale of Contemporary Art** (www.ngprague.cz), terwijl het internationale kunsttijdschrift *Flash Art* de initiator is van de **Prague Biennale** (www.praguebiennale.org). Als tegenreactie op deze twee grote kunstevenementen wordt er sinds 2006 elk jaar een 'anti-biennale' georganiseerd met de naam **Tina B.** (een afkorting voor 'This Is Not Another Biennale', www.tina-b.com).

De Národni Galerie (www.ngprague.cz) beheert een aantal tentoonstellingsruimten in de stad, zoals bijvoorbeeld Kinský palác (zie p. 73) en Veletržní palác (zie p. 144). Hier zijn vaste en wisselende exposities te zien, die in thema variëren van historische foto's tot moderne (Tsjechische) schilderkunst.
Praag kent genoeg kleine, onafhankelijke galeries die fotografie, schilderkunst, beeldhouwkunst en videokunst

vertonen van jonge Tsjechische, en buitenlandse, kunstenaars. Voor een volledig overzicht kun je het beste het cultuurkatern van de *Prague Post* raadplegen, of de websites www.prague.tv en www.pis.cz. Enkele galeries die de moeite van het bezoeken waard zijn, zijn:

- **Langhans Galerie Praha** (fotografie), Vodičkova 37, Praha 1, Nové Město, tel. (420) 222 929 333, www.langhansgalerie.cz. Geopend: di.–vr. 12–18, za. 11–16 uur.
- **Galerie NoD** (moderne beeldende kunst en videokunst), Dlouhá 33, Praha 1, Staré Město, tel. (420) 224 826 330, www.roxy.cz. Geopend: afhankelijk van de programmering.
- **Jiří Švestka Gallery** (moderne kunst, voornamelijk van Tsjechische bodem), Biskupský důr 6, Praha 1, Nové Město, tel. (420) 222 311 092, www.jirisvestka.com. Geopend: di.–vr. 12–18, za. 11–18 uur.
- **Galerie Kritiků** (nationale en internationale moderne kunst), Jungmannova 31, Praha 1, Nové Město, tel. (420) 224 494 205, www.galeriekritiku.com. Geopend: di.–zo. 10–18 uur.
- **Futura** (nationale en internationale moderne kunst), Holečkova 49, Praha 5, Smíchov, tel. (420) 251 511 804, www.futuraprojekt.cz. Geopend: wo.–zo. 12–19 uur.
- **Galerie A.M. 180** (contemporaine kunst), Bělehradská 45, Praha 2, Vinohrady, tel. (420) 605 407 320, www.am180.org. Geopend: di.–vr. 18–21 uur.
- **Prague House of Photography** (nationale en internationale fotografie), Václavské náměstí 31, Praha 1, Nové Město, tel. (420) 222 243 229, www.php-gallery.cz. Geopend: dag. 11–18 uur.

Bioscopen

Praag kent een aantal grote cinemacomplexen: onder andere in winkelcentrum Novy Smíchov, en niet ver daarvandaan Village Cinema's. Het is echter veel leuker om een oude bioscoop te bezoeken. Gelukkig zijn de meeste films tegenwoordig ondertiteld en niet nagesynchroniseerd; sommige Tsjechische films worden Engels ondertiteld. Kijk voor de meest recente speellijst op internet, in het culturele katern van de *Prague Post*, of bel de bioscoop van tevoren op.

- **Kino Aero** (kleine bioscoop buiten het centrum, die vaak klassieke films vertoont), Biskupcova 31, Praha 3, Žižkov, tel. (420) 271 771 349, www.kinoaero.cz. De prijs van een kaartje ligt rond de CZK 95.
- **Kino Světozor**, Vodičkova 41, Praha 1, Nové Město, tel. (420) 224 946 824, www.kinosvetozor.cz. De prijs van een kaartje ligt rond de CZK 100.
- **Lucerna Palace** (het oudste, nog in gebruik zijnde, filmtheater van Europa!), Vodičkova 36, Praha 1, Nové Město, tel. (420) 224 216 920, www.lucerna.cz. De prijs van een kaartje ligt rond de CZK 110.

Theater

Praag is een stad met een lange theatertraditie. Tijdens het communisme werd het theater zwaar gecensureerd, maar de afgelopen decennia bloeide het gelukkig weer helemaal op. De bekende klassieke stukken zijn te zien in grote theaters, zoals het Nationale Theater in Nové Město, maar Praag kent ook tal van kleinere theaters. Actuele informatie over voorstellingen is te vinden in het culturele katern van de *Prague Post* of op de website www.prague.tv.

Kaartjes kunnen gekocht worden bij de kassa's van de theaters of via de centrale kassa van Bohemia Ticket International.

- **Bohemia Ticket International**, Malé náměstí 13, Praha 1, Staré Město, tel. (420) 224 227 832, www.ticketsbti.cz. Geopend: ma.–vr. 9–17, za. 9–13 uur.
- **Národni Divadlo** (Praags grootste theater, zie p. 122), Národni 2, Praha 1, Nové Město, tel. (420) 224 901 448, www.nd.cz. Kassa geopend: dag. 10–18 uur.
- **Ponec** (dansvoorstellingen), Husitská 24A, Praha 3, Žižkov, tel. (420) 224 817 886. Kassa geopend: op de dagen dat er voorstellingen zijn 18–20 uur.
- **Divadlo Na Zábradlib** (thuishaven van absurdistisch theater), Anenské náměstí 5, Praha 1, Staré Město, tel. (420) 222 868 868, www.nazabradli.cz. Kassa geopend: ma.–vr. 14–16 en 16.30–20 uur, in het weekend vlak voor voorstellingen.
- **Švandovo Divadlo** (modern Tsjechisch en internationaal theater), Štefánikova 57, Praha 5,

Smíchov, tel. (420) 234 651 111, www.svandovo-divadlo.cz. Kassa geopend: dag. 14–19, tot 21 uur op avonden waarop er voorstellingen zijn.

Blacklight-theater

Blacklight-theater is een vorm van theater die in de jaren zestig en zeventig erg populair was; de eerste blacklight-show werd opgevoerd op de Wereldtentoonstelling van Brussel in 1958. Inmiddels is deze vorm van theater behoorlijk gedateerd en populairder bij toeristen dan bij de lokale bevolking. De acteurs maken gebruik van zwarte achtergronden en kleding, fluorescerende verf en blacklight om zo speciale effecten te bereiken. Laterna Magika was het theater waar blacklight-theater groot werd.

- **Laterna Magika**, Národní třída 4, Praha 1, Nové Město, tel. (420) 224 931 482, www.laterna.cz.
- **Černé divadlo Jiřiho Srnec**, Národní Třída 20, Praha 1, Staré Město, tel. (420) 257 921 835. Kassa geopend: dag. 9–19.30 uur.

Poppentheater

Poppentheater is leuk voor zowel kinderen als volwassenen. Het neemt sinds de opleving van het Tsjechisch nationalisme in de 19de eeuw een belangrijke plaats in in de geschiedenis van Tsjechië. Ook nu is het nog steeds populair, en het is zeker voor kinderen aan te raden om een keer een voorstelling te bezoeken. **Divadlo Minor** in Nové Město geeft speciale voorstellingen voor kinderen.

- **Divadlo Minor**, Vodičkova 6, Nové Město, Praha 1, tel. (420) 222 231 701, www.minor.cz. Kassa doorgaans geopend: ma.–vr. 9–13.30 en 14.30–20, za.–zo. 11–20 uur.

FEESTDAGEN

1 januari	Nieuwjaarsdag (*Nový rok*)
Paasmaandag	(*Velikonoční pondělí*)
1 mei	Dag van de Arbeid (*Svátek práce*)
8 mei	Bevrijdingsdag (*Den osvobození*)
5 juli	Dag van de apostelen Cyril en Methodius (*Den slovanských věrozvěstů Cyrila a Metoděje*)
6 juli	Herdenkingsdag van Jan Hus (*Den upálení mistra Jana Husa*)

28 september	Dag van het Tsjechische staats-bewustzijn (Den české státnosti)
28 oktober	Herdenking van de oprichting van Tsjechië (Den vzniku samostat-ného československého státu)
17 november	Herdenking van de strijd voor vrij-heid en democratie (Den boje za svobodu a demokracii)
24 december	Kerstavond (Štědrý den)
25 december	Kerst (Vánoce)
26 december	St. Stevensdag (Den sv Štěpaná)

Sommige feestdagen zijn in de loop van de tijd ietwat gewijzigd bij de Tsjechen. Zo was 1 mei, de Dag van de Arbeid, in het communistische tijdperk een verplichte feestdag, waarbij de bevolking geacht werd in groten getale mee te lopen in marsen, onder het zingen van communistische slogans. Die tijd is nu definitief voorbij, en het zijn eigenlijk alleen de fanatieke communisten en anarchisten die nu nog de straat op gaan. Sommige Tsjechen vieren op 1 mei nu de dag van de liefde, en leggen bloemen neer bij het standbeeld van de dichter Karel Hynek Mácha, op de Petrín-heuvel (zie p. 70).
De oorspronkelijke bevrijdingsdag is 9 mei, maar men viert het officieel een dag eerder, tezamen met som-mige West-Europese landen. Oorspronkelijk was 28 september de feestdag van 'de goede koning Wences-las', de beschermheilige van Tsjechië, maar nu is het de Dag van Tsjechisch staatsbewustzijn.

In Tsjechië bestaat er ook zoiets als de 'naamdag'. Elke dag van het jaar heeft zijn eigen naam; lang geleden was het ouders niet toegestaan hun kinderen zomaar een naam te geven, maar moest deze overeenkomen met de naam van de geboortedag. Inmiddels is dat al-lang niet meer zo. Hoewel naamdagen tegenwoordig minder belangrijk zijn dan verjaardagen, is het niet on-gebruikelijk dat vrienden, familieleden of collega's met dezelfde naam gezamenlijk hun naamdag vieren. In de meeste Tsjechische kranten en op sommige nieuws-sites wordt vermeld welke naamdag het betreft.

WEGWIJS IN HET TSJECHISCH
Het Tsjechisch is een West-Slavische taal. Pools en Slowaaks komen uit dezelfde taalfamilie en vertonen dan ook overeenkomsten.

Grammaticaal gezien is Tsjechisch een grote klus; de taal kent maar liefst zeven naamvallen en vier geslach-ten voor zelfstandige naamwoorden; mannelijk-levend, mannelijk-niet levend, vrouwelijk en onzijdig. En al deze verschillende naamvallen hebben andere uitgan-gen. Opmerkelijk is dat achternamen ook onderhevig zijn aan naamvallen; zo heet de echtgenote van Havel bijvoorbeeld Havelova.
Het is aan te raden een taalgidsje mee te nemen op reis naar Praag.

Uitspraak

á	als in haar
e	als in hek
é	als in mekker
ě	als in jetje
i, y	als in biet
í, ý	als in dier
o	als in bok
u	als in boek
ú, ů	als in het Engelse true
ou	als in show
c	als in tsaar
č	als in Tsjechië
ď	als in jazz
g	als in het Engels great
ch	als in het Duitse ich
ň	als in franje
ř	als in marcheren
š	als in sjees
ť	als in tjalk
v	als in weer

De overige medeklinkers worden uitgesproken zoals in het Nederlands. Handig om te weten, en makkelijk om te onthouden, is dat de klemtoon in het Tsjechisch vrijwel altijd op de eerste lettergreep valt; het accent op een klinker of medeklinker heeft dus niets te maken met de klemtoon.

Handige woorden en zinnetjes

Hallo/Goedendag	Dobrý den
Goedenavond	Dobrý večer
Goedenacht	Dobrou noc
Tot ziens	Nashledanou
Ja	Ano (vaak ook O of Jo)

Nee	*Ne*
Alstublieft	*Prosím*
Bedankt	*Děkují*
Pardon	*Promiňte*
Sorry (informeel)	*Pardon*
Meneer	*Pán*
Mevrouw	*Paní*
Help!	*Pomóc!*
Attentie!	*Pozor!*
Ik spreek geen Tsjechisch	*Nemluvím česky*
Spreekt u Engels?	*Mluvíte anglicky?*
Open	*Otevřeno*
Gesloten	*Zavřeno*
Rechtsaf	*Doprava*
Linksaf	*Doleva*
Goed	*Dobrý*
Slecht	*Špatný*
Groot	*Velký*
Klein	*Malý*

BOEKEN EN FILMS

Boeken

In onderstaande, in het Nederlands vertaalde, boeken van buitenlandse schrijvers speelt Praag de hoofdrol. De titels variëren van historische boeken tot romans tot korte reisverhalen.

- John Banville, *Praag*
  Korte memoires over het Praag van de jaren zeventig en tachtig van de 20ste eeuw.
- Bruce Chatwin, *Utz*
  Een satirische roman over een porseleinverzamelaar die in Josefov woont, in de jaren zestig en zeventig van de 20ste eeuw.
- Peter Demetz, *Prague in Black and Gold*
  Een uitvoerig historisch werk over de ontwikkeling van de stad, van het prille begin tot de communistische periode.
- Myla Goldberg, *Praag, een wandeling*
  Reisverhalen van een Amerikaanse schrijfster die na lange afwezigheid weer terugkeert in Praag en het dagelijks leven in de stad observeert.
- Angelo Maria Ripellino, *Magisch Praag*
  Een van de mooiste boeken ooit geschreven over de cultuur en geschiedenis van de stad: een liefdesverklaring aan de stad.

Films

Praag is de laatste decennia uitgegroeid tot een populaire filmlocatie, maar de stad figureert niet altijd als zichzelf. Onderstaande films spelen zich wel degelijk af in Praag, of in de omgeving van de stad. De oudere films zijn buiten Tsjechië soms moeilijk vindbaar, maar de meer recente titels, en zeker de films die een Oscar hebben gewonnen, zijn in Nederland doorgaans wel te vinden, vaak met Duitse of Engelse ondertiteling.

- *Daleká cesta* ('De lange dag'), 1949
  Een film over de deportatie van Joden tijdens de Tweede Wereldoorlog, die door de communisten werd verboden.
- *Velká samota* ('De grote eenzaamheid'), 1959
  Een film over het leven op het platteland.
- *Obchod na korze* ('De winkel in de hoofdstraat'), 1964
  Een film over Slowakije weliswaar, maar treffend wat betreft de weergave van het leven van gewone burgers tijdens de Tweede Wereldoorlog. Deze film won in 1966 een Oscar voor 'Beste Buitenlandse Film'.
- *Ostre sledované vlaky* ('Zwaarbewaakte treinen'), 1967
  De verfilming van Bohumil Hrabals gelijknamige roman speelt zich af tijdens de Duitse bezetting en verhaalt over de ontwikkeling van een man die in dienst treedt bij de spoorwegen. Ook deze film won een Oscar voor 'Beste Buitenlandse Film'.
- *Ucho* ('Het Oor'), 1970
  Een ijzingwekkende film over de gevolgen van de bewaking van het dagelijks leven; niet alleen een verwijzing naar de communisten, maar ook naar de verhalen van Franz Kafka. De film werd direct nadat hij uitkwam verboden.
- *Otesánek*, 2000
  Een oude Tsjechische mythe over een echtpaar dat een houten baby adopteert, in een nieuw jasje.
- *Tajnosti*, 2007
  Een film over een vrouw, levend in het hedendaagse Praag, die twijfelt over haar huwelijk en de invulling van haar leven.
- *The Unbearable Lightness of Being*, 1988
  Verfilming van de beroemde roman van Milan Kundera, over de liefdeslevens van vier jonge mensen tegen de achtergrond van de Praagse Lente.

Register

Dominicus WorldSurfer

Al onze reisgidsen zijn te vinden op de │ Dominicus WEBsite │, 'Dominicus World-Surfer'. Dankzij een eenvoudig zoeksysteem weet u in een handomdraai alles over de Dominicus-gids die u zoekt: omslag, prijs, ISBN, auteur, een stukje uit de inleiding of de omslagtekst, foto's uit het boek, soms een complete diapresentatie... Genoeg dus om een goede indruk te krijgen.

De structuur van de Dominicus WorldSurfer is simpel. Elke gids heeft een **aparte**

pagina, en op deze pagina vindt u alle gegevens bij elkaar. Bovendien is bij alle gidsen een button aangebracht waarmee u de gids via internet kunt bestellen en zijn er zogenaamde │ WEBlinks │ aangebracht, waarmee wij u alvast de weg wijzen naar een verrassend tochtje over het net.

Voorbeeld: via de gids over IJsland hebt u in een mum van tijd een reeks webadressen met talloze tips over IJsland. Bovendien kunt u er een groot aantal foto-

reportages bekijken van mensen die recent in IJsland zijn geweest en hun foto's naar Dominicus WorldSurfer hebben opgestuurd. Overbodig te zeggen dat de belangrijkste WEBsites ook allemaal in de gids staan vermeld.

Verder zijn onze gidsen gerubriceerd in verschillende series: de 'gewone' reisgidsen, de Adventure-gidsen, de Stedengidsen en de doMINIcus-gidsjes, en wordt u via de website op de hoogte gehouden van speciale acties.

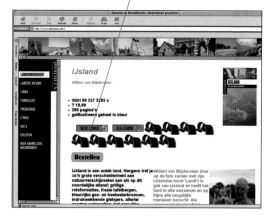

Ten slotte kunt u op de website van Dominicus WorldSurfer aan een tweemaandelijkse prijsvraag deelnemen. Op de pagina Prijsvraag staat een afbeelding van een min of meer bekend monument, bouwwerk of constructie uit een van onze reisgidsen. Aan u de vraag te raden wat de afbeelding voorstelt en waar de foto is genomen. Onder de goede inzendingen worden telkens een paar Dominicus-reisgidsen naar keuze verloot, die de winnaar gratis krijgt thuisgestuurd.

Hebt u opmerkingen over een Dominicus-reisgids of wilt u een boeiende reiservaring kwijt? Mail ze alstublieft aan ons door via travel@gottmer.nl. Dan wordt die wellicht als lezerspost bij de betreffende gids geplaatst of doorgeven aan de redactie.

Het adres van de Dominicus WorldSurfer is

www.dominicus.info

Tot snel!